武士道読本

武士道学会
国書刊行会 編

国書刊行会

正誤表

六六頁　八行目

【誤】うとんずるどいう ↓【正】うとんずるという

二三〇頁　二行目

【誤】なげれば ↓【正】なければ

二四三頁　六行目

【誤】神星正統記 ↓【正】神皇正統記

まえがき

「義」「忠」「孝」に代表される武士道精神は、刀を交えて戦う「武士」のあるべき心得の総称である。明治時代となり、武士階級が消滅したあとも、日本人の倫理的基盤として脈々と受け継がれてきた。

新渡戸稲造はアメリカ滞在中の明治三十一年（一八九八）に英文で『武士道』を執筆し、日清戦争後の明治三十三年（一九〇〇）にアメリカで出版した。『武士道』は欧米各国語に翻訳されて好評を博し、極東の新興国日本の精神的支柱として、武士道精神を世界に知らしめた。日本語訳が出版されたのは、八年後の明治四十一年（一九〇八）で、訳者は桜井鷗村（日露戦争の二百三高地の激戦を活写した『肉弾』の著者桜井忠温の兄）。漢字を多用した文語調の訳文であった。昭和となって戦時機運の高まりのなかで、昭和十三年に反戦言論のために東京帝大を逐われた矢内原忠雄の平明な現代語訳『武士道』（岩波文庫版）が発行された。

本書の元となった『武士道読本』（武士道学会編）は、その翌年の昭和十四年（一九三九）六月十五日、第一出版協会から刊行された。新渡戸稲造の『武士道』が、欧米人の読者を想定して、ヨーロッパの歴史や文学、教育論などから類似の事例を引用し、武士道に象徴される日本人の生き方や考え方を総論的に記述しているのに対し、本書は当時の日本人に向けて、各論的にあるべき武士道の教えや武士道精神の歴史を明解に物語っている。

収録内容は、

①武士の発生と、武士道発達の歴史
②江戸初期の山鹿素行による、儒教倫理にもとづく新しい「士道」の提唱とその影響
③山本常朝述『葉隠』にみる武士の心得
④幕末の吉田松陰『士規七則』に代表される、勤王思想の系譜と武士道
⑤明治以降の近代日本の精神的支柱としての「武士道精神」

などの論考を網羅したものである。

このたびの復刊にあたっては、左記のような編集上の補いをした。
①旧漢字旧仮名遣いを新漢字新仮名遣いに改めた。
②差別用語に配慮し、一部を補った。
③難字にはルビをふり、難解な言葉には（　）で意味を補った。
④原著の中見出しは「一」「二」などの表記であるが、「一　武士道の徳目」など内容を示す表記を補った。
⑤原著の配列を一部変更し、「軍人勅諭要義」などの論文を割愛した。

平成二十五年五月　　　　国書刊行会

目　次

目次

目次

一　武士の起源と武士道

文学博士　渡辺　世祐

武士という特殊な階級が生まれてから発揮された武士道の尊い実例をあげて、武士道発達のすがたを眺めてみたいために本篇を採った。本篇は文学博士渡辺世祐氏が武将と武士道として述べられたものであるが、まさに武士の起源時代の武士道を述べられたもので、主従関係へ移動していく時代の武士道である。氏には『武蔵武士』の名著がある。

一　武士道の徳目

武士道はわが民族固有の精神に基礎を有するものであるが、古代の簡単なる社会にあっては、皇室を戴《いただ》いて、これに忠誠を致すという根本精神以外には、ただ漠然として具体化していなかった。それが時代をへて、幾多《いくた》の変遷に遭遇し、漸次に一種の道徳律を形成し、多くの洗練によって確固《かっこ》たるものとなり、わが特有の具体的道徳律となったのである。それは中世以後、武士の階級が結成されてからのことである。それがあたかも武士特有の道徳律であるかのように解せられて、武士道と呼ばれた。

したがって武士道は、わが固有の道徳たる皇室中心の精神に基づいて、忠孝を第一義として起こり、やがて主従の義が中心観念となった。この主従の義は、所領授受という利害関係で結ばれたが、主人は身をもって家臣従属を庇護し、家臣従属は主人のために利害生死をほかにして尽くした。そこで主従一体という観念を生じ、互いに武士道を磨いた。武士道を磨くには、武芸に励みて文弱の弊を斥《しりぞ》け、名誉を尊び廉恥《れんち》を重んじた。そして平素から質素倹約し、有時の備えをなすに努《つと》めた。その修養のために学問を修めて心胆を練り、強暴を斥けて孤弱を恤《あわ》れみ、他人の難に赴くを意としなかった。かくて武士道は発達したのである。

されば武士道の徳目として考えるに足るべきものは、

（一）忠孝を第一とし

（二）廉恥を重んじ
（三）名利を離れて義勇を励み
（四）強暴を挫《くじ》いて孤弱を扶《たす》け
（五）自己の責務を完全に尽くす

というのであった。

これらの徳目にともなう幾多の道徳があるのであるが、それはこれらを充実するために自然に起こったものである。すなわち質実強剛であっても文雅の才を有し、情を知ることも必要であり、人を救うことは心掛けても人の己《おのれ》を救わんことは求めず、武名を揚《あ》げ家名を現すに努め、もっぱら自己の責務を尽くすことを考え、俯仰《ふぎょう》天地に愧《は》じぬこと（上を向いて天の神々に、下を向いて地上の人々に、恥じないこと。転じて、自分の心や行動にやましいところがないこと）が大切であったのである。かく説き来れば、武士道は最も犠牲的精神を必要とし、難に臨んで死を畏《おそ》れぬことが大切であり、一命を賭《と》して君に仕え、ことに当たらなければならなかったのである。

二　武将の謙譲と配下の礼儀

武士道は武士階級の結成せられてからの道徳であるが、武士の起源は多く東国にあったから、東国の武将が活躍した前九年《ぜんくねん》の役《えき》や後三年《ごさんねん》の役《えき》に、その萌芽《ほうが》と認められる実例を求めることが出来る。

源頼信が上野守だったとき、その乳母の子藤原親孝が、あるとき盗人を捕えて縛って置いた。盗人は縛を解いて逃れようとしたが、容易に逃げる方法がなかったので、親孝の一人の幼児を質に取って物置小屋に入り、刃をその腹に当てて寄れば刺そうとした。親孝はそれを聞いて駈けつけたが、如何《いかん》ともなし得ず、あわて惑い、泣いて頼信に訴えたとき、頼信は呟いて、

「道理とは思われど、かかることにて泣くべきかは、たかが小童一人突き殺さすがよい、さようの心ありてこそ、つわものの道は立つべきだ、身を思わず、妻子を思わぬのが勇士の本分である」と言った。

武蔵の地は利根川の流域であって、大平原を形成していたから、武士の発生には好適地であっ

た。嵯峨天皇（第五十二代）の皇子に、源姓を賜って、この地方に下って国守となり、子孫の土着したものが多かった。さて、河原左大臣融の孫、大納言昇の子仕は武蔵野守となって下り、箕田郷（鴻巣町付近）を開墾して箕田氏と称した。その子宛《あつる》は箕田源次と称して弓馬の術に秀《ひい》で家人郎従を多く養った。また桓武天皇の御孫高望王《たかもち》も平姓を賜わり、その子は関東に下って、各地の守となった。その中の五男良文《よしぶみ》は武蔵守となって、村岡（熊谷町付近）の地に土着し、村岡五郎と称して多くの家人郎従を養って武勇の誉《ほまれ》が高かった。かくて源次と五郎は共に武名があったので、中傷するものがあって、五郎に、

「源次は常に、五郎はわが敵でないといった」

と話し、更に同じように源次にも告げたので、両者ともに憤《いきどお》り、

「さらば野に出て、互いに勝敗を決せん」

と、会戦の日を約した。

その日となれば、両者は各兵五、六百騎を率いて相会した。そこで五郎は源次に、

「兵を率いて戦うは興なし、ただ単騎二人のみ闘って勝敗を決せん」

と話した。源次もこれを諾し、郎従にはその主を援くるなく、闘死せば屍《しかばね》を収めて退くべきを

命じ、ただ一騎、群を離れて立ち向かった。

かくて源次は雁股《かりまた》の矢を番《つが》えて立ち、五郎はまた強弓の真ん中を持って出で、五郎が先ず射れば、源次は巧みにこれを避け、源次が射れば五郎これを外し、互いに射ることも避けることも巧みであった。かくて数十合たったが、勝敗が決しなかったので、ついに引き分けた。これから、両者は、互いに親しくなって扶《たす》け合った。これは互いに武名を傷つけざらんことを虞《おそ》れて闘ったからであるが、かかる達引《たてひき》は、誠に武将の面目のために行われたものである。


後三年の役に、源義家が、清原武衡と家衡を金沢の柵《とりで》に攻めたときに、義家の将士は多く疵《きず》をこうむった。その中に、相模の住人鎌倉権五郎景政があった。景政は年齢わずかに十六であったが、大軍の前に奮迅して戦ったので、征矢にて右の目を射られ、首をも射貫《いぬ》かれて、兜の鉢付の板に射付けられた。その痛手にも屈せず、景政はその矢を折りかけて、却って射返して敵を斃した。かくて陣所に帰り、手負たりとて仰向けに伏していた。

しかるに三浦平太郎為次とて名高い武士があったが、同郷の親しみで、景政の苦しみを早く去らしめんとし、その顔をふまえて矢を脱こうとした。そのときに、景政は伏しながら刀を抜い

て、為攻を下から刺そうとした。為次は驚いて、

「こはいかに」

と尋ねたところ、景政は、

「弓箭にあたりて死するは武士の面目である。しかるに、生きながら足にて顔を踏まれるのは恥であるから、新たに敵として切り死にせんとした」

と答えた。そこで為攻は膝をかがめ、礼儀正しくして顔をおさえ、やがて矢を抜きはなった。これはいかに危急に逼《せま》っても、武士が、いかにその面目を重んじたかを物語るものであって、武名を尊び、生命を省みない心の美しさを現したものである。

前九年の役に主将であった源頼義が、その将士と共に艱難を共にしたことは有名な話であるが、康平《こうへい》五年（一〇六二）八月に、陸奥小松の柵に、安倍貞任、宗任等を攻めたときに、貞任等が頼義の陣に殺到した。頼義の軍にあった清原武則は、頼義の誼《ぎ》に感じて、生命を鴻毛《こうもう》の軽きに比し、敵に向かって死するとも敵を背にしては生きじと覚悟して戦い、頼義の子義家、義綱等と共に奪戦して貞任等の軍を破り、磐井川に追撃し、厨川の柵に逐って大いに勝った。かくて頼義

は、その陣営に還って将士を饗し、かつ親《みずか》ら軍中を廻って負傷を治療した。将士はみな感激して、

「身は恩に使われ、命は義によって軽し、頼義のために死するも毫も恨みなし」

といい囃《はや》した。かく将士が恩に感じたので、容易に剽悍《ひょうかん》な貞任等の軍を破るを得た。その鳥海の柵を奪取したときに、頼義は武則を顧みて、柵の名は夙《つと》に聞いたが、その体を見ることが出来なかった。今日、卿の忠節により初めて見ることが出來たが、卿が予の顔色を見るはいかにと問うた。そこで武則は、

「足下、皇室のために忠節を擢《ぬき》んで、風に櫛《くしけず》り雨に沐し、甲冑に虱を生ずるも顧みず、軍事に苦慮する十余年、天地その忠節を助け、将士その志に感じ、賊を潰走せしめた。愚臣はただ鞭を擁して従うのみであって何等の功勲もない。ただし足下の容貌を見るに白髪は半黒となった。もしさらに厨川の柵を破り、貞任の首を得れば、鬢髪《びんぱつ》悉く黒くなり、形容肥満せん」

と答えた。これを聞いて頼義は、

「これ、卿が大軍を率いて堅陣を破ったから、予の忠節を全うしたのである。その功勲は卿にあって予の白髪もために黒に返らん」

と告げた。この主従応酬の情は、実によく武将とその配下との真情を流露したものであって、武将の謙譲と配下の礼儀とは、共に併せ伝うべきものであった。

陸奥に平永衡という武士があったが、陸奥守藤原澄任に仕えて郎従となり、厚く眷顧《けんこ》を蒙り、登用せられて一郡を領するほどとなった。しかるに安倍頼時が、勢いを得るにおよび、その娘を娶《めと》って婿となり、澄任に背いてこれと戦った。それから前九年の役となり、源頼義が陸奥守兼鎮守府将軍となって、坂東の武将を率いて、頼時を征したときに、永衡はいち早くも親しみを捨てて頼時に背き、頼義の軍に馳せ参じた。それで頼義は永衡が主従の義を猥《みだ》りにするのを憤って、永衡の兵を収め、主なる郎党四人と共に永衡の不義不忠と、その操守することの堅からざるを責め、これ等を斬って主従の義を守るべきの範を示した。

前九年の役が終わって、鎮守府将軍源頼義は、安倍貞任、重任と藤原経清等三人の首級を京都に上らせた。貞任の首級は、その下人を担夫として運ばしめた。あまりに髪が乱れているので、首級の髪を梳《くしけず》らんとしたが、櫛がなかったので、私用の櫛を用いしめた。そのときに下人は、「わが主存生のときには、これを仰ぐこと高天の如し、しかるに図らずも今わが垢れたる櫛にて恭くも、その髪を梳ることとなった」

と悲歎した。これを見、これを聞いた頼義の従者は、みな落涙し、

「下人の担夫すら主従としての義を知る」

と深く感泣し、深く同情した。

三　鎌倉時代の武士道の発達

鎌倉時代は、武家政治が全盛であったので、政治はもちろん社会組織の上においても、武士が中心であり、武士道は特にこの時代に発達した。武家政治を創めた源頼朝は、藤原氏の勢力失墜、平氏滅亡の跡に省みて、武士をして上方の淫靡《いんび》、遊蕩の風に親しむを避けしめ、士風を練って質実剛健ならしめた。そして頼朝は深く皇室に対する大義を重んじ、わが国体の本義に即して敬神の念に厚かった。また頼朝は主従の義を大切として、武士階級の統制を保ち、身を以て将士を卒い、勤倹尚武の範を垂れ、謙譲の徳を示して武士道を奨励した。この方針は鎌倉時代を通じて歴代継承せられたので、上下の間に武士道の精神は行きわたった。特にこの時代は、多くの高

僧が現れたので、武士はその影響によって思想的に幾多の洗練を受けて、武士道は一そう深遠の意義を有するものとなった。

源頼朝は武家政治の創立者であるが、頼朝の創めた幕府は、武士を統御して天下を統一したのであって、皇室に対し尊崇の念厚く、忠勤を励んだことは、相当に深かったのである。その志《こころざし》の一端として見るべきものに、頼朝が俊乗坊重源《ちょうげん》に宛てた自筆の書状がある。重源は勧進《かんじん》聖《ひじり》として奈良東大寺の大仏再興を計画し、寝食を忘れて奔走したのであるが、頼朝の尽力を仰ぐことが多かったので「君」の力に憑《よ》らなければならぬと頼んだのである。これに対して頼朝は、早速自筆で返事し、その末に、

「かねて御消息の君御助けならずばと候は、もし頼朝のことに候か、しかれば君の字その恐れ候ことなり、自今以後も更に不可有候者也」

と書いている。これは「君」という字は、天皇に対し奉りて用うべきものであるのに、重源が頼朝に対して用いたのは、恐れあることであるから、今後は決して使わぬようにと戒めたものである。これによっても、頼朝の心のほどが知られ、わが民族に普遍する根本精神は決して没却していなかったのである。されば頼朝は皇居の御修理をも申し出で、禁裡、仙洞、内裏《だいり》（大内）の修

理を計画した。そして、これに要する費用は、頼朝自身の知行国に課せられんことを請うた。朝廷では皇居の修理、その他、親王および後白河法皇御所の修築が出来た。その内裏の修理は、他の修築の後で、相応に重い負担のときであったが、頼朝は法皇に、

「朝家御大事といい、御所中の雑事といい、何カたび候といえども、頼朝こそ勤仕すべき事にて候えば、愚力の及び候わんほどは、奔走せしむべく候」

と奉答している。これは朝廷の御大事、宮中の雑事であっても、幾度でも頼朝は力のおよぶかぎり勤仕すべきことを申し出たものであって、頼朝はかかる勤仕を無上の光栄として喜んだのである。

また頼朝は、源平の戦争で頽廃した諸国の神社仏閣の修理を奏請し経費を助成した。伊勢大神宮、石清水八幡宮、宇佐八幡宮、住吉、鹿島等の諸社および仏寺の造営出来たのも、頼朝の尽力多きにあったのである。

頼朝に従った鎌倉武士には、節義、廉直のほまれを残したものが数多くあるが、その中でも、畠山重忠は武士道の花と謳われるほどの立派な人物であった。重忠は武勇絶倫の士であって、宇治川の合戦、一谷の合戦等に勇名を馳せたことは、よく世に知られているのであるが、つぎに彼

が清廉潔白であった事を述べて見ようと思う。

重忠が恩賞地として宛て行われた伊勢員弁郡沼田御厨の地頭職は、重忠が鎌倉にいるので、その眼代《がんだい》、すなわち代官として真正《さねまさ》を遣わして、これを委していた。しかるに真正が私曲を行ったので、御厨のこととて伊勢大神宮から、これを糺《ただ》すべきようにと鎌倉幕府に訴へた。そこで頼朝は正光を遣わして、その実否を調べさせたところが真正の私曲が明らかとなった。日頃から敬神の念の強かった頼朝は、厳命を下し、千葉胤正をして重忠をその第《やしき》に幽閉し、その所領をも没収せしめた。重忠も大神宮のことなれば罪に服し、恐懼おくところを知らず、謹慎して絶食した。かくて一語も発しないで七日におよんだ。重忠の顔色いちじるしく憔悴したので、胤正は折角の功臣を喪うことを恐れ、状を具して頼朝に赦免を請うた。頼朝もその行動に感じて、早速に幕府に召し出して、これを免じた。その退去の際に重忠は同僚に、

「新恩に浴して地頭職を給わるときには、眼代の器量を選ばなければならぬ。もし適当の人がなければ地頭職を返上すべし、重忠は年来清廉を思い潔白を志したにもかかわらず、真正の私曲によりて思わぬ恥辱を受けた」

と話した。頼朝も重忠の忠誠を思い所領を復し、沼田御厨だけを取り上げた。それから重忠は、

その本国の武蔵管谷館にあって謹慎していた。

平素重忠を喜ばなかった侍所の別当梶原景時は、それを好い機会として頼朝に讒《ざん》し、

「重忠は重科がないのに所領を召し放ち、その功績を省られなかったのを憤り、潜かに反逆を企てている」

と説いた。そこで頼朝も心動き、小山四郎朝政、結城朝光、下河辺行平、和田義盛等を召して評議した。そのときに朝光は、

「重忠は清廉の士である。偶《たまたま》眼代の私曲に坐して罪に伏し、神宮の罪を獲たとて謹慎絶食するに至ったので、怨《うらみ》など抱くものにあらず。願わくば使を遣して実否を尋ねられたし」

と請うた。そこで頼朝は重忠の弓馬の友である行平を遣し、鎌倉に召し還らしめることとした。

行平が、重忠を館に訪うて、事情を語ったところ、重忠痛く歎き、

「重忠の志は二品殿（頼朝をさす）の知らしめすところである、何とて反逆などすべき、これ讒者の所為で必定、われを殺さんとて御身を遣せしなるべし、かかる末世に逢うも宿業なれば、他人の手にかからじ」

とて、腰刀を取りて自殺せんとした。行平は驚いて、これを抑え止め、

「御身を殺す心ならば、などて眉分を遣わさるべきいはれなし」

と説いて、駒を並べて鎌倉に馳せ参じた。

重忠は侍所に至り、その別当である景時に就いて、頼朝にその志を陳ぜしめた。そこで景時は、

「反逆の志なきことを神明に誓い起請文に認めて出すべし」

と命じた。重忠は、

「武士は武功に誇り、民衆の財宝を横領したといわれれば恥とすべきも、反逆を企てると噂されるは、かえって面目である。初めから二心なきは二品殿の知らしめすところである。起請文を用いるは奸者に対する場合なり」

と弁じ、

「頼朝に披露せられたい」

と説いた。景時やむなくその趣を頼朝に取り次いだので、頼朝は重忠の志を憐み、これを召し、行平をも同坐せしめ、世間のことども物語り、一言も反逆などのことに及ばず、親しく睦まじげに語り合われたのであった。これ重忠が平素武士の本領を守り、忠誠で清廉潔白であったから、頼朝を感ぜしめたので、

「至誠天地を動かした」

と言わなければならぬ。

葛西清重は、武蔵権守となった清光の三子である。三郎と称した。祖先から累代源氏に仕えていたが、清重は武蔵葛西を領して氏とした。葛西は今の東京府南葛飾郡の地であった。頼朝が兵を安房に起こし、下総に入り、やがて武蔵に進み、隅田宿に至った。このとき、関東にあった恩顧の武士は皆馳せ参じたが、清重も父清光と共に頼朝に謁して麾下《きか》に属した。しかるに先に頼朝が伊豆石橋山で大庭景親と戦ったときに景親に属した江戸重長、河越重頼等も来た。そこで頼朝は重長が景親に属したのを憤って、その所領を没収して清重に与えた。清重はこれを堅く辞し、

「恩賞によりて所領を増すは武士の面目であるが、一族であり、且つ一旦の恩義によりて平家に従った重長の所領を賜わるは予ての素志に違うところである。自分としては旧領にて足る。もし重長に真に罪あらば、他人に賜わりたし」

と答えて辞退した。そこで頼朝は、清重が命《めい》を奉ぜぬものとして、その旧領をも没収することとした。清重は従容《しょうよう》として命を奉じ、

「この事によって罪せられるは運の極みであって、力の及ばざるところである。武士は高潔でなければならぬ。しかも受くべからざるを受けるは義にあらざれば、何としても重長の所領は辞退仕る」

と凛然と答えた。頼朝もその態度と道理正しきに感じて、重長の罪を宥《ゆる》して安堵《あんど》せしめた。清重の情誼に富める詞《ことば》は、まさに武士道の美談として伝うべきものであった。

四　貞永式目と武士道

武家政治の全盛時代に武士階級によりて形成せられ、観念的となった武士の道徳律は、武士道として規範を多く後世に垂《た》れた。これが鎌倉幕府で、北条泰時の定めた貞永式目五十一ヵ条によって一層形式附けられて一種の堅実なる不文律となった。これから以後、室町時代は元より戦国時代から江戸時代にかけて、武士道はますます洗練せられて細かいものとなったが、その精神は武士の間に継承せられて、一層堅固となった。戦国時代に群雄が割拠した際でも、上杉謙信、武田信玄、織田信長、毛利元就等により、日常に実行された行動は、範例をみな鎌倉時代およびその以前の武士の行動に採ったのであった。それから江戸時代となり、文芸復興により儒学の影響を受け、国学の発達に伴って思想が細かく練られるに至って、なお進んで武士道は普及するに至った。そして武士はもちろんこれに背くを恥辱としたのである。その影響を受けて、単に武士のみならず、他の農工商の一般民衆も、階級の如何を問わず、職業的区別を超越して、武士道に外るることを絶大の恥辱と考えるようになった。かくして武士道は具体的となり、普遍的に国民道徳となって、わが民族固有の道徳に還元したのである。

武士の起源＝遠く大伴氏物部氏などを、武士の祖とすることが出来るが、大化の改新以後になり、大宝令が出てわが国の軍制が漸く確立した。やがて大陸文化の輸入と共に、その影響によって上流階級が文弱に流れ驕奢に耽って、兵農一致の軍制が乱れ、漸く募兵の風となり兵農の別が生じた。兵家で勢力のあるものは家人を撫養して弓馬の家とした。草深き地方にある弓馬の家は、上古以来の威勢を失わず、強盗を征し、曲事を正し、徴に応じて力を武事にいたした。その大なるものは大名または高家と称し、小なるものは小名または党といい、その撫育したる私兵は、これを家の子郎党家人などと称した。かくて武士が有力なる一階級となったのであるが、そのうちでも源氏、平氏が最も現われた。

源氏＝嵯峨天皇の後裔が源氏を賜わって臣下に列したのが始めで、それが例となって、この姓を賜わることがたびたび行われた。平氏と並んで武家として繁栄したのである。源朝頼、足利氏、徳川氏等は源氏の一統である。現在（昭和十四年）、華族に列しているものは、藤原氏に次いで源氏が最も多いと言われる。

平氏＝桓武天皇の子孫で、平朝臣を賜わった家。源氏と並び、子孫には武人が多く織田氏、北条氏などは、この一統である。平清盛によって一族多く栄え、武人にして栄達の極みに達した。平氏にあらずんば人にあらずとまで言われた。その軍旗は紅であり、源氏は白であったので、紅白二色を以て源平の意を表すのである。

前九年の役＝後冷泉天皇の天喜二年（一〇五四）から康平五年（一〇六二）まで九年間を要したので、後三年の役に対していう。陸奥の豪族安倍氏は富強を極め、国司の命に従わず、租税の徴発にも応じないので、源頼義を陸奥守として制御させたが、阿倍頼時、その子貞任は頼義に反し衣川関、厨川柵等に戦ったが遂に降った。頼義、その子義家の奮戦したのは有名である。

後三年の役＝陸奥守源義家が出羽の豪族清原武衡、家衡等と戦い、これを誅滅したのをいう。源頼義が陸奥の豪族安倍氏を亡ぼした前九年の役に対して、戦役に前後三年を要したので、この称がある。義家が行雁の列の乱れを見て大江匡房の教えを想起し、伏兵を殄《ほろぼ》したのは、このときである。

鎌倉時代＝源頼朝が鎌倉に幕府を開いた後鳥羽天皇の御代の頃から、後醍醐天皇の元弘三年頃まで約百五十年間をいう。この時代は武士が社会の指導的地位を占め、武士社会の気風が一般におよび、忠孝の観念が養われた。元寇があり、挙国一致して文永、弘安の二度の役に外敵を撃退したのはこの時代である。

畠山重忠＝頼朝の忠臣であり、幕府創業の元勲である。武蔵畠山荘司重能の第二子で、一の谷の戦いには鵯越《ひよどりごえ》の嶮を突破して功を立てた。子重保が北条氏の縁者平加朝政と争い、鎌倉に殺され、義時の大軍を二俣川に迎えて戦死した。時に年四十二であった。

葛西清重＝鎌倉時代の武将で、姓は平氏、秩父の別族である。源頼朝の信任が厚かった。

貞永式目＝貞永元年（一二三二）に北条泰時の制定発布した御成敗式目である。これは武家法として、武家社会に法的威力を発揮したばかりでなく、武士の道徳生活の指針たる重大な意義を帯びていたのである。その意味において、貞永式目は、鎌倉時代に於ける唯一の武士道訓であったばかりでなく、後世の武士道訓、ないしは武家の家訓の規範ともなったのである。

上杉謙信＝越後の長尾為景の第三子で享禄三年（一五三〇）に生まれる。関東管領上杉憲政が越後に敗れたときに助けて上杉姓を称することを許された。川中島に武田信玄と戦ったが、彼の一代は義侠そのもので、敵国甲斐に塩を送ったことは有名である。天正六年没。年四十九。

武田信玄＝信虎の子として大永元年（一五二一）に生まれる。天文二十年入道して信玄と号す。甲斐の国人の信望があつく、勇名を天下に馳せた。文事に長じ、民治につとめ、財政にも通じ、戦国時代の群雄中の偉才であった。天正元年没。年五十三。

織田信長＝信秀の子。桶狭間の戦いで今川義元を亡したときは二十七歳、それより近畿に勢力を張り、東海に驥足《きそく》をのべ、中国征伐の中途、本能寺で光秀に殺された。勤王の志あつく、安土の築城、関所の撤退、検地など天下一統の志があったが遂げられず。その志は臣の秀吉によって達せられた。

毛利元就＝戦国時代の武将。安芸の毛利弘元の次子。尼子氏、大内氏を討ち、毛利氏の勃興を促し、中国地方の十国を平らげ、武威を振った。元亀二年没。年七十五。心を常に朝廷に存し、その窮迫のため即位の大礼も挙げさせられないのを聞き、永禄三年、その料を献じた。また文学を愛した。

二　武士道の根本精神

文学博士　吉田　静致

武士道の徳目として、忠義、名誉、廉恥《れんち》、武勇、信義、質素、礼節、仁慈、優雅、敬神《けいしん》、崇祖《すうそ》等をあげて、東京帝大名誉教授文学博士吉田静致氏が武士道の根本精神を説いたものである。武士道の発達の上から、歴史的には観察されていないが、有力な史実によって説かれたもので、武士道を横断面において知ることの出来る好篇である。

一　武士道の二つの目標――主に忠節と父祖の志の継承

君のためつくす真心きょうよりはなおいやまさる武士のたましい

これは幕末の志士加藤司書の作であるが、誠に武士道精神の真髄は、真心を以て至尊に奉ずるにありというべきである。

たとえ身は剣の下にのぞむとも心は君の馬の御前に

これも幕末の志士の一人である黒沢重清の作であると伝えられているが、彼ら武人の心情は、一にこの純忠の意気をもって満たされたものであった。しかして彼等は、主君のために一身を犠牲に供して顧みぬ没我的精神を持っていた。

よしや身はくだけて瓦とならばなれ皇国《すめくに》まもる魂をとどめん

これも幕末の志士小河敏一の作であるが、忠節の大道の前には、身命を惜しまぬという犠牲的心情は事あるごとに発揮せられている。誠にこの犠牲的精神こそは武士道に通じた一貫の生命であった。

忠節の大義に次ぎて武士の最も心懸けたのは、祖先の志業を成すことを本義と解せる点である。例えば、足利時代の管領、斯波義将の『竹馬抄』を見ても、

「我身をはじめて思うに親の心をもどかしう、教えをあざむくことのみ侍《はべ》るなり。おろかなる親というとも、その教えに従わば、まず天道にそむく可らず。まして十に八、九は親の詞《ことば》は子の道理にかなうべきなり。我身につみしられ侍るなり。いにしえとどかしう教えをあざむく事のみ侍りし親のこと葉は、みな肝要にて侍るなり。他人のよきまねもせんよりは、わろきおやのまねをすべきなり。さてこそ、家の風をもつたえ、その人の跡ともいわるべけれ」

と、父祖の志を継がんことに最も重きを置いている。元來、武士道は、譜代の郎党と武将の間に出来た世襲的主従関係をその根拠となしているから、その主に忠節を励むことを第一義と考え、大義滅親の義を説き、私事を以て公事を害すべからずとなすのであるが、彼等はまた孝の徳を重んじ父祖の名を辱しめざることを重大なる責務とし、さらに進みては忠孝両全をもってその理想とせるものであった。

二　武士の命は私のものにあらず

武士道は、中世の封建制度に伴って、発達したものであるが、封建制度にあっては、階級の別が厳で、上下の間が隔絶していたから、恩義を感じるにも、直接に生活の資糧を与える主君の恩義を最も深く感じ、したがって、陪臣以下に至れば、皇室を尊奉することを忘れて、主として俸禄を給与する主家のために、一身一家を犠牲にすることをもって奉公の本義と考えるようになったのは、これ全くわが国体の真義、大義名分を明らかにせざる結果であって、はなはだ寒心すべき事柄であった。もちろん、彼等の主観よりすれば忠の心理において変わりなかったであろう。しかしながら、この間に、義勇奉公の犠牲的精神は大なる発展を示している。いま源頼朝が、その部下に与えた手書の一条を見るに、

「およそ、国士錐を立つる程のところを知らんも、一、二百町を持っても、志は何れも等しくして、その酬には、命を君に参らする身ぞかし。私のものにはあらずと思うべし。さるに就きては、身を重くし、心を長くし、あだ疎《おろそか》には、振る舞うべからず。君の御大事に参らすべき命を

細かき事故に失わんには、人だねありなんや。さる不忠の男には、所知を給いても何かはせん」とある。貞永式目にも、忠勤を励むべきのことを示しているが、この場合における主とあるは、封建制度下における主従関係の上に立つものであることは明白である。この精神は『神皇正統記』に、

「およそ、王土にはらまれて、忠をいたし命をすつるは人臣の道なり」

といい、また、

「報恩の忠節をさきとす」

とある尊王思想の変形となすべきである。吉野朝の忠臣が一意専心王事に尽くしているのは、正しく、彼等がわが国体の真義を解し、いわゆる大義のために敢然立ちしものであることが知られるのである。

封建時代における武士とても、そのすべてが、国体の観念に暗きもののみではなかった。彼等の中にも、学あり、心ある人々は、皇国の尊崇すべき所以《ゆえん》の道を解していたものも少なくなかった。すでに『竹馬抄』にも、

「限りある命を惜しみて、末代浮名を取るべからず。しかればとて、二つなき塵灰のごとくに

思いて、死ぬまじき時に身を失うは、かえって言う甲斐なき名を取るなり。一天の君の御為、または弓箭の将軍の御大事に立ちて、身命を棄つるを、本意というなり」

と言っている。徳川時代に及んでは、わが国体を解し、大義名分を説く学者がはなはだ多く出現し、逆に王政復古の実現を見るに至った。されば徳川御三家の一たる水戸藩の主たりし烈公のごときも告志篇に、

「万一事あらん時は、われら不肖ながら、天朝公辺の御為には、身命を塵芥よりも軽んじ、大恩を報じ奉り候所存に候間、面々もその心得にて、われら何時出馬致し候とも、差し支えこれなきよう、常に心懸け申すべく候なり」

と示している。武士道の本領が、国民的自覚の進むとともに、皇国の大道と結合するに至りしことを、察するに難くないのである。

三　武士道は武人としての人格の敬重

武士道は忠孝の節義を重んずると共に、名誉廉恥をもってその生命とも心得たものであった。

彼等は、体面を尊び、武門の恥辱、弓矢の手前、末代の名折れ、弓矢取る身の恥、面目なし、などの語を用い、ただに一身の上のみならず、常に一門の名誉を発揚せんことを期し、戦場に臨み、干戈《かんか》を交うるには、先ず祖先および自己の氏名を名乗り、けっして卑怯未練の所業のないことを公言したのであった。古の武士がその名を重んじ、系図を重んじたのも、この精神から発している。

この点において、武士道は武人としての人格を敬重するものであって、彼の切腹のごときも、実にこの武士としての面目を立てんとする名誉心に発するものというべきである。この気風は、清浄潔白を尊んだ国民精神にも汲むところがあって存したであろう。汚名を蒙れるときに切腹して赤誠《せきせい》の存するところを表明するという習慣などは、潔癖とも称されるわが国民性と、一脈の連係が存するように思われる。実にこの名誉心は、勇往邁進《ゆうおうまいしん》の元気を鼓舞し、廉恥心は自省克己の制裁をなすもので、一は積極、一は消極、両々相伴って、人をして臣子たるの本分を完了せしむるものである。

一条兼良の『樵談治要』に、

「諸国の守護たる人、廉直を先とすべき事。定めおかれたる御徳をまもり、限りある得分の外は、そのいろいをなさず。うえには事君《きみにつかえる》の節《せつ》を尽くし、しもには撫民《たみをいたわる》の仁《じん》を施して、廉直《れんちょく》のほまれ当世に聞え、隠徳の行、末代に及ぼさば、冥慮にもかなない、栄花を子孫を伝うべきを、ややもすれば無道をかまへ、猛悪をさきとすること、かえすがえす、しあんなきにあらずや、名と利の二は、いずれも人の願うことなれど、利は一旦の理なり。名は万代の名なり。武士の一名をすつるも、名をおもうがゆえなるに、無理非道の悪名をば何とも思わぬは、命よりも宝はなおしき物にや侍らん」

とある。諸国の守護が、「他人の所領を押領し、富に富をかさね、欲に欲を加へ」、もって悪名を後世に残すこと勿《なか》れと誡められたものであって、当代の武士が利欲に促《うなが》せしことを反映しているけれども、また武士の廉恥を尊ばれ、名誉の重んぜられたことを知ることが出来る。

かくて、武士は家門の名誉を重んじたので、家名を汚すことを最大の恥辱と考えた。一門の子息に不都合のことあるときは、これをもって先祖に相済まぬとなし、先祖の位牌で打擲《ちょうちゃく》し、時には切腹を命じた。親自らこれを手討ちにし、あるいは子息を諫めて聴かぬ場合には、死をもって反省を促すことすらもあった。四十七士の武林の母や、小山田の父など、その例である。

四　武士に必要な武勇

武士に欠くべからざる徳の一つに武勇がある。武勇は忠孝の節義および武士の名誉、対面を完うする所以の道である。彼等は武勇を尚ぶがゆえに武術の練習を重んじ、胆力を養い、卑怯未練を誡めたのであった。かの後三年の役に、相模の国の住人、鎌倉権五郎景正なる勇士があって、その壮烈な物語が伝わっている。武勇剛強を理想とした武士が、卑怯未練の振る舞いを排斥したのは自然の勢いである。源義家が、安倍宗任の敵に背を見せたのを難じたという話があり、高倉の宮の侍で剛勇の名を轟かした長谷部信連の語に、

「弓箭取る身の習、仮にも名こそ惜しく候え、敵を恐れて遁れたりと言われんは、武士たるものの恥辱なり」

とあるなど、よく武士たるものの意気を示している。源為朝や、源頼政の剛勇は、武人の模範とし歎美するところであったが、平維盛や宗盛の卑怯は指弾の標的となれるものであった。日本武士の本領は、実に、この武勇にあったと申すことが出来るであろう。

五　武士の信義

古来、「武士に二言なし」という諺が出来ている。彼等武士が信義を旨としたということが知られるのである。この信義を重んずることは、神道の誠実正直を尊ぶそれと同じ精神で、単純潔白なる国民性の反映と見ることが出来るであろう。

信義の徳は廉恥の徳と密接な関係を持っている。そして、信義実直が武士道徳の精髄であったことは、武家の法、諸家諸士の家訓などによく顕れている。例えば貞永式目には「構㆓虚言㆒致㆓讒訴㆒事」の一条がある。彼等武士の間に起請ということが行われたのは、信義の重んぜられた反映と見ることが出来るのであろう。源頼朝の臣、畠山重忠は、起請文を差し出すべきのときに、

「重忠もとより心と言《ことば》と異ならざる間、起請を進めらせ難し」

と断言しているなどは、これまた武士に二言なきことを明らかにせるものである。

武士はまた質実倹素を旨とし、華美文弱を戒めた。けだし、華美文弱の弊は淫靡となり堕弱に

陥り、武勇を怠り、忠孝の大義を疎《おろそ》かにすること多きがためであろう。そのほか、礼節を重んじ、仁慈と優雅を奨励している点は、儒教や仏教の影響とも思われるのであるが、そこにまた国民本来の温和寛仁的態度や、座作進退の上における儀礼に厚く、君子国と称されし事蹟と一脈の通ずるものがあることを思わずにはいられない。

武士が敬神崇祖の念に厚く、ひいては神社仏寺の尊重保護を怠らざりしことも、これまた注意すべき事柄である。彼等は死生の境に出入して宗教的観念を強くし、神仏の冥助を乞い、死に臨んでは従容として成仏を楽しむごときものが少なくなかった。けだし、彼等の宗教的信仰に厚かりしは、彼等の境遇のしからしめす結果と申すよりほかないのである。

封建制度＝わが国では古くから農業が唯一の主たる産業であったから、次第に大土地所有が行われ、中世に至って大土地所有者が領主として絶大の支配力を持ち、農民はその下に隷属するようになり、源頼朝が幕府を開いてから、この制度が確立され、江戸時代の末まで、七百余年の間続いた。士農工商という言葉があるように、領主として武士が権力を振るった時代である。

竹馬抄＝斯波義将の著である。義将は室町時代の人で、足利氏の一族である。足利義詮、義満、義持に仕えて忠誠事に当たった。『竹馬抄』は武士道を説いた著として初期のもので注目すべき著である。

樵談治要＝一条兼良の著である。兼良は室町時代の人で左大臣関白経嗣の第二子である。永享四年に摂政となり、文安四年に関白となり、世に藤太閤と称せらるる人で博識多分、和漢の学に通じ、著述が多い。中でも『樵談治要』は士道を説いたものとして有名である。

告志篇＝水戸烈公、すなわち徳川斉昭が藩士に告げたもので武士の守るべき道を説いたものである。烈公は水戸藩八世の主で、寛政十二年江戸に生まれる。神道を崇び、皇室を尊奉して臣礼を忘れなかった人で、天保十二年藩学弘道館を興して勤王の風を起こした人であり、その志は明治維新によって達せられたのである。

三　武士道の神髄

文学博士　平泉　澄

花は桜木人は武士、武士は食わねど高揚子、武士に二言なし、士の道は義より大なるはなし、などの諺があるが、そういう卑近なところから、士説、士道、士規七則、武道初心道、等々に説かれたところと照応して武士道の神髄を説かれ、大義の何であるかを、力説したものである。筆者は、東京帝大教授文学博士平泉澄氏である。支那の諺に、悪い鉄は釘になり、悪い人は兵士になるというのがあるが、わが国の、花は桜木人は武士と比較して、彼我《ひが》の国体を知ることが出来ると思う。

一　桜と武士道

日本人の最も愛し来った花は桜である。古くは単に「木の花」といって、それで直ちに桜の花をさしたことは、木花開耶姫《このはなさくやひめ》の御名からも考えられるのである。もっとも支那文化全盛の時には、一時、梅や菊がもてはやされたこともあり、西洋文明心酔の世には、しばらく薔薇やダリアを弄んだことがあった。しかしそれは、時代の流行を追い、風物の変遷につれての一時的傾向にすぎないのであって、結局するところ、桜の花に対する日本人の愛好は、永久に動かすことが出来ないのである。蓋しそれは桜の花と日本精神との間に、極めて微妙なる一致点があって、いわば桜の花こそ日本精神の象徴というべきものであるからである。本居宣長が、

敷島のやまと心を人問わば朝日におう山桜花

と歌われたのは、桜の花と大和心との緊密なる関係を明らかにせられたものである。佐久良《さくら》東《あずま》

雄《お》＊という人は、元来僧侶であったが、天保十二年（一八四二）三十一歳の春、深く感ずるところあって慨然として還俗《げんぞく》し、純粋日本人たらんことを期したが、その時に名を改めて佐久良東雄といった。佐久良というのは即ち桜である。純粋日本精神に立ちかえる時、人は桜の花を連想せずにはいられないのである。姓にさえ附けるほどであるから、従って東雄には桜の花を詠じた歌がたくさんあって、

天つ神いかなるかみのこころより桜の花は咲かせそめけむ
朝日かげ豊栄《とよさか》のぼる御宇《みよ》になりて桜の花を咲かせてしがな

などと歌っているが、殊にすぐれているのは、

事しあらばわが大君の大御ため人もかくこそ散るべかりけれ

という一首である。これは桜の花の散るのを見て詠じた歌であるが、花の散り際のいさぎよさを

見て感歎に堪えず、一旦緩急あらば、天皇の御ためには、われらもまたこのように潔く散ってゆかねばならないと痛感したのである。

ここまで来ると、桜花と日本精神との関係は、更に一段と深刻切実になってくる。桜の花を見て、ただその美《うる》わしさに恍惚となっているのではない。時節到来してサーッと風に散りゆくその散り際のいさぎよさを喜ぶのである。野矢常方《のやつねかた》*が、

　　我が子には散れと教えておのれまずあらしに向かうさくら井の里

と歌ったのも、この精神である。ここまで来ると、桜花は日本精神の殊に深刻切実なるもの、すなわち武士道と相通ずるに至る。山田公章*の歌に、

　　散るもよし芳野の山の山桜花にたぐえし武士の身は

とあるは、これを歌ったものである。哲人ケーベル*が、

「桜の花の頃こそ日本人を観察すべき時である。これ、その牧歌的哀歌的なる天性の最も明らかに現われる季節だからである。日本の国民的花は、堅い硬ばった、魂なき、萎むを知らざる菊ではない。絹の如く柔かなる、華奢なる、芳香馥郁《ふくいく》たる、短命なる桜花こそ実にその象徴である。日本人はこの美しき花の、束の間に萎み、そうして散りゆくその中に、わが生の無常迅速の譬喩と、わが美と青春との果敢なさを見るのである。桜の花を眺めている時、春のただ中に、秋の気分が彼の胸に忍び入る」

といったのは、さすがはラフカディオ・ハーン*等と相並んで、最も深く日本を愛し、最もよく日本を理解した人だけあって、実に見事に桜の花に対する日本人の感情をとらえたものと言わなければならぬ。しかり、たしかに日本人は、桜の花を見て、そのたちまちにして散るを思うのである。その風に散る散り際の美しさを思うのである。そして人もまたかくの如く美しく咲いて美しく散りゆかん事を希望するのである。美しく咲く事の心にまかせぬとしても、せめては美しく散らんことを冀《こいねが》うのである。どうせ散る命ではないか、惜しんでも百年の寿命は保たれないとすれば、惜しむところなく花と散ろう。ここに桜の花を愛《め》でる心は、直ちに勇猛敢為、死して悔いるところなき武士の精神につながる。

「花は桜木、人は武士」

とは、古くから世にいいはやされた諺であるが、花に四季の草木、色とりどりの趣はあっても、結局、桜をもって第一とする日本人は、その桜の花を愛《め》でる心の、一脈ただちに繋がるところ、武士をもって日本人の特性の最もあざやかに発揮せられたるものとして、これを誇ったのである。それゆえに桜の花をもって国華とするならば、武士道はやがて日本精神の粋といわねばならぬ。

佐久良東雄＝（一八二一～一八六〇）常陸の人で幕末の勤王志士である。藤田東湖から水戸藩に仕えたら如何と勧められたが、東雄は容を正して「今上皇帝はすなわち我が主人なり」と言って受けなかったというのは、有名な話である。桜田門外の変の後に下獄したが、自ら食を絶って死んだ、と言われる。年は五十歳であった。多くの歌が残されているが、

「天皇《すめらぎ》に仕えまつれと我を生みし我がたらちねのとうとかりけり」

「命だに惜しからなくに惜しむべきよあらめやも天皇のためには」

などがある。

野矢常方＝（一八〇二～一八六八）会津藩の国学者である。慶応四年官軍の会津城攻撃に斃《たお》れた。年六十七歳であった。

山田公章＝（一八〇八～一八六四）山口藩士で勤王の志士であった。元治元年（一八六四）五十六歳の時に野山獄で斬られた。

ケーベル＝ラファエル・フオン・ケーベル（一八四八～一九二三）、ドイツの哲学者。一八九三年四十五歳の時、東京帝大哲学教授として来朝、二十一年間西洋哲学を講じた。かたわら東京音楽学校にてピアノを教えた。一九一四年任満ちたが世界大戦のため帰れず、一九二三年横浜に没した。年七十五。日本の学界に大きな感化を残した人である。

ハーン＝ラフカディオ・ハーン（一八五〇～一九〇四）、日本名小泉八雲、ギリシャ生まれ。明治二十三年日本に来朝、松江中学校、熊本第五高等学校にて英語教師をなし、東京帝大で文学を講じた。明治三十七年没す。生涯日本を研究し、日本に関する著書が多い。

二　武を重んじる日本の伝統

日本は古来尚武《しょうぶ》の国である。藤田東湖*が宝蔵院流の槍術の開祖である胤永法印の画像に題した詩に、

緇素《しそ》猶能《なおよ》く貔貅《ひりん》をいたす
南都《なんと》の槍法《そうほう》誰《たれ》か儔《たぐい》あらん
古《いにしえ》より神州《しんしゅう》、尚武《しょうぶ》の俗《ぞく》
淵源実《えんげんじつ》に天《あめ》の瓊矛《ぬぼこ》に在《あ》り。

とあるが、これは神代に伊弉諾《いざなぎ》、伊弉冉《いざなみ》の尊《みこと》が天の浮橋にお立ちになって、天の瓊矛をもって青海原をさぐられたのが元となって日本国が出来たのであるから、日本国は国土創造の初めからすでに神聖なる武器と深い縁故があるのである。わが国が古くより尚武をもって国民性としている

のは、まことに当然のことであり、それ故に僧侶にさえかような槍術の大家を出したのであるという意味である。この天の瓊矛については、山鹿素行の「中朝事実」に詳しい説があって、日本の武威武徳の因って来るところ、甚だ古いことを説いてある。すなわちその神器章には、

「謹んで按ずるに、矛は兵器なり、矛玉をもってする者は、聖武にして殺さざるなり、蓋し草昧のとき、暴邪を揆い平げ、残賊を駆り去ることは、武威に非ずんば終に得べからざるなり、故に天孫の降臨にもまた、矛玉自ら従うというは是なり、およそ中国の威武、外朝及び諸夷、竟にこれを企て望む可からざるは、もっとも由あるなり」

といい、武徳章には、

「謹んで按ずるに、大八洲の成ること、天の瓊矛に出でて、その形、すなはち瓊矛に似たり、故に細矛千足国と号《なず》く、宜《むべ》なる哉中国の雄武なるや、およそ開闢より以来、神器霊物甚だ多くして、しかして天の瓊矛をもってはじめとなすは、これすなわち武徳を尊んで、もって雄義を表するなり」

と説いているのである。開闢以来わが国は尚武の国であり、武威盛んにしてかつて外敵の侮りを受けない国であるというのは、日本人の枉《ま》ぐべからざる信念であったのである。これありてこそ

蒙古百万の来寇にも驚かず却ってこれをみなごろしにすることが出来たのである。それ故に橋本景岳*は、安政三年中根雪江に送って国是を諭じたる書の中において、日本は革命という乱習悪風のない国であるから、建国以来一つの精神が之を貫いており、今後といえどもその建国以来の精神をさえ継承してゆけばいいのであるとし、さてその建国以来の精神というのは「人忠義を重んじ、士武道を尚び候二ヵ条」、すなわち要約してこれをいえば、「尚武重忠の四字に限り申し候」といっている。

すなわち建国以来一貫して変わらない日本精神の眼目は、忠義の精神と、尚武の気象と、この二つに在りとするのである。正志齋会沢安《あいざわやすし》*の記述した「及門遺範」によれば、その師、藤田幽谷*は、当時文武の分かれて二つとなり、文臣の武事にならわないばかりでなく、武家もまた武道をおろそかにするを慨歎して、わが国の古風、もともと文武一途、男子たるものは必ず弓矢を執ったことを述べ、孔子すらも文事あるものは必ず武備あるを説かれたほどであるから、

「いわんや神州、太初より勇武を崇尚す、而して当今武家の禄を食む、豈徒《あにいたず》らに文墨を事としてもって武士の本業を失う可けんや」

といい、よって門人をして文を学ぶと共に必ず兼ねて武を習わしめたということである。また

安積艮齋《あさかごんさい》は、佐藤一齋の門人で、幕末昌平黌の教授に任ぜられた人であるが、その著、「艮齋間話」を見るに、わが国が古来武勇の盛んなる、未だかつて外国の侮りをうけないことを述べて、

「一体日出の国、東方精華の気の萃《あつ》まるところ、人物雄毅英武忠直の風、所謂大和魂なる者は、万古変ずることなく」

といい、また、

「雄毅英武忠直の風は、わが国の美俗にて、万古不磨の士気なれば、益々鼓舞振励して、武備を精錬し、邦家を守るべきなり」

といっている。古人が、わが国民尚武の気象をもって、開闢以来の国風の粋なりとし、ますますその振起《しんき》を計り来ったことは、これらの例に見て明瞭である。思うに世界万国、国異なれば気風も随って異なり、あるいは経済功利に長ずれば、あるいは自由民権を唱え、あるいは政治法律に秀で、あるいは美術工芸にぬきんでる等、その特色種々雑多であるが、わが国には他にもいろいろの長所があるとして、古来誇り来ったところは、その尚武の気象にあったのである。開闢以来武を重んじ、一旦緩急あれば直ちに剣を執って起ち、勇猛敢為、進むを知って退くを知らざる気象こそ、日本人の誇りであったのである。

海行かば　水漬《みづ》く屍　山行かば　草生《くさむ》す屍　大皇《おおきみ》の　辺《へ》にこそ死なめ　かえりみは　せじ
とことだて　ますらおの　清きその名を　いにしえよ　今の現在《おつつ》に　流さえる　親の子等《こども》
ぞ

というのは大伴家持《おおとものやかもち》の歌であるが、先祖代々、この気象を誇りとして、武士道の精神が、いよいよ強固になって行った趣は、この歌によくあらわれている。それと同じ心は、大伴古慈悲《こじひ》が讒言《ざんげん》によりて出雲守をやめられた時に、家持が大伴の一族をさとした歌にも明瞭にうかがわれる。その長歌には、天孫降臨以来、弓矢をとって御仕えした名誉ある先祖の歴史を述べて、その末の句に、

うみの子の　いやつぎつぎに　見る人の語りつぎてて　聞く人の　かがみにせんと　あたらしき　清きその名ぞ　おおろかに　心思いて　むなことも　おやの名断つな　大伴の
氏と名に負える　ますらおの伴

　剱刀いよよ研ぐべしいにしえゆさやけく負いて来にしその名ぞ

とある。先祖の名を誇り、それをけがすまいとして、いよいよ武勇を励もうとする心、当時、特に武士といわず武士道といわないにしても、これを源平時代の武士の精神と比較するに、全く同じ心持ちではないか。

身不肖に候えども形の如く系図なきにしも候わず、清和天皇九代の御末、六孫王七代の末孫、摂津守頼光の舎弟、大和守頼信四代の後胤、中務亟頼治が孫、下野権守親弘が子に宇野七郎源親治として、大和国奥郡に久しく住して、いただ武勇の名を落とさず（保元物語）

新中納言知盛の卿、船のやかたに進みいで、大音声をあげて、天竺震旦にも、日本我朝にも、双《ふたつ》なき名将勇士といえども、運命尽きぬれば力及ばず、されども名こそ惜しけれ、東国の者どもに弱気見すな、何のためか命をば惜しむべき、軍《たたかい》よくせよ者ども、ただ是のみぞ思うことなると宣《のたま》えば（平家物語）

わが家は先祖代々武勇の誉《ほまれ》ある家である。その家に生まれて家の名をけがしてはならない、という精神は、奈良時代の大伴氏にも、後の源氏平氏にも、全く同じである。しかして家において家の歴史を誇り、その名をけがすまいとする精神は、やがて国において国の歴史を誇り、その名をけがすまいとするもの、すなわち前にのべた山鹿素行、藤田東湖、橋本景岳等の精神となるのである。すなわち日本人は、家においても、国においても、古来武威武徳を誇り来ったのである。かくて「花は桜木、人は武士」、武士道こそは、日本精神の粋とうたわれたのである。

藤田東湖＝（一八〇六～一八五五）幕末の勤王家。水戸藩士幽谷の子。通称虎之介、諱は彪、東湖と号した。文化三年に生まれる。「回天詩史」「正気歌」「弘道館述義」の著あり、安正二年、年五十にして逝く。水戸学の精髄を説き、明治維新に大なる影響を与えた。

橋本景岳＝（一八三四～一八五九）越前福井の人。名は綱紀、字は伯綱、通称は左内、景岳は号。天保五年に生まれる。安政五年、主君松平春嶽公の密旨を奉じて天闕に詣り、幕府の忌諱に触れて下獄、幕史から密旨の内容を追及されたが左内は「事すでに密と称す。固より顕言すべからず」と言って応ぜず、遂に頼三樹三郎らと共に、安政六年、刑場の露と消えた。年僅かに二十六。

二十六年夢裡過。
顧二思平昔一感滋多。
天祥大節嘗心折。
土室猶吟正気歌。

会沢安＝（一七八二～一八六三）正志斎と号した。水戸藩の儒者で幽谷の高弟である。「及門遺範」の外に「新論」等の著がある。

藤田幽谷＝（一七七四～一八二六）東湖の父。水戸藩の儒者。名は一正。通称は次郎左衛門、幽谷と号した。安正三年に生まれる。君臣の大義を論じた「正名論」がある。文政九年逝く。年五十三。

三　武士は義をもって職とすべし

しかしながら武を尚《とうと》ぶというのは、ただ強剛の武力そのもののみを尚ぶのでは決してない。強いというだけならば必ずしも尊敬に価しないのである。もとより柔弱怯懦《にゅうじゃくきょうだ》はこれを排斥しなければならず、体力を養成し、武術を練磨し、敵を粉砕する実力をもたなければならないことはいうまでもないとして、それはもともと武士たるものの当然の姿であって、それをもって武士道の終局とすることが出来ない。否、終局とすることが出来ないどころではない、武士道の真髄は、単に強いというところにはなくして、義に強いという点にあるのである。

室鳩巣《むろきゅうそう》*という人は初め加賀藩に仕えていたが、正徳元年幕府に召し出され、ことに八代将軍吉宗に信任せられた学者であるが、さすがは義人録を作って赤穂四十七士を賞揚顕彰し、後年藤田東湖から、

「近古忠義の烈、赤穂の諸臣に、過ぐるはなし、しかして、当時議論紛紜、儒生学士といえども、あるいはまたその義不義を弁ぜず、鳩巣室氏、慨然として義人録を著わし、議論やや定ま

る、その功、偉なり」

と讃歎されたほどあって、武士道の精神は、はっきりとこれを把握していた。その著に、「士説」という一篇の短い文章があって、短いといえば極めて短いものではあるけれども、内容は実にしっかりしている。今その大意を述べれば、こうである。

　武士たるの道、何をもって第一とするかといえば、志を立てるという事が第一である。何をもって志を立てるかといえば、自分は商売人とはちがうということを知るのが志を立てるの始めである。商売人とちがうということは、きらびやかに武装して陣営にあり、威風あたりを払うということでもなく、堂々天下の政権を握って衆人を見下すということでもない。世間ではそれをもって、武士と町人との相違点としているのであるが、実際は武士と町人との相違点は、そんな所にあるのではない。すなわち、

「士は義をもって職となし、商人は利をもって職となす、義利の間、士商判る、この故に士の重んずるところは義なり、売買の重んずる所は利なり、重、義にあれば、すなわち軽、利にあり、重、利にあれば、すなわち、軽、義にあり」

である。その人生の目的とするところが、武士は義にあり、町人は利にあって、すっかり相違し

ているのである。したがって武士といえども、もし爵位にあこがれ、財産を好み、汲々として一生の力を栄誉利達に費すならば、これは目的とするところ町人と同じであって、決してこれを武士ということは出来ないのである。武士の志すところは道であり、守るところは義である。富はもとよりわが欲するところではあるけれども、もしそれが道にはずれているものであれば、今日の富貴、明日これを棄てて顧みない。生はもとよりわが欲するところであるけれども、義のためには今日の命、明日これを捨てて惜しむところがない。こういうものがすなわち武士の道であって、ここに至って武士は商売人と截然、相異なるのである。

これが鳩巣の「士説」前半の要領である。さすがは鳩巣である。よくも武士道の眼目を把握し、明快にこれを道破したものである。武士はもとより勇武強剛でなければならぬ。しかもその強いのは、義に強いのである。その勇むのは、義に勇むのである。もとより、これは武士道の常道であって、したがってこれを説いたものも、決して鳩巣一人に限ったわけではない。今少し例をあげるならば、これを前にして大道寺友山、これを後にして井沢長秀らがある。

大道寺友山*の著に、「武道初心集」というのがあり、その中に義不義の一章が、丁度この問題を論じている。しかしてその要《かなめ》は、

「武士たらんものは、義不義の二つを、とくと心に会得仕り、専ら義を務めて、不義を戒むべきとさえ、覚悟仕り候えば、武士道は相たち申し候」

というに尽きている。井沢長秀には、「武士訓」「明君家訓」などいう著述があるが、前者には、

「士は義理にさときを専らとすべし、義理にさときものは、利欲にうとく、利欲にさときものは、義理にうとし、有眼の人は、利欲にさときものをみては、さてこそ、義理にうとからんと思うとなり、利をこのまず、いさぎよからしめんためにこそ」

といい、後者には、

「されば義理にさときものは、利欲にうとく、利欲にさときものは、義理にうとし、義理にさときをもって士とし、利欲にさときをもって町人とす、士として利欲にさときは一面うけられぬことにて候、さてこそ、義理にうとかるべきと、おしはかり候。……さるによりて義理の弁《わきま》えとて、先賢もくわしく議論をあらわし、これを箇要の事に沙汰しおかれ候」

といっている。武士道が利をうとんじて義を重んじたことは、ここにいよいよ明らかである。

室鳩巣＝（一六五八～一七三四）江戸時代の儒者。万治元年に生まれる。木下順庵に学ぶ。著書

すこぶる多く、赤穂義人録、駿台雑話、明君家訓等がある。享保十九年没、年七十七。

大道寺友山＝（一六三九〜一七三〇）江戸時代の兵学者。山鹿素行の弟子。会津侯、越前侯の客となり、兵学を説いた。著に、武道初心集、岩国夜話等がある。享保五年江戸に没す。年九十二。

四　富んでおごらず、貧して志を屈せず

利をうとんずるどいうことは、必ずしも富を厭い貧を欲するということではない。貧富によりて少しも心をみださないということである。富んで驕らず、貧しうして屈せず、財の有無によって心が少しも動揺しないのである。有れども無きがごとく、無くしてなお有るが如き態度である。「武士は食わねど高楊子」というのは、この心持ちをいいあらわした諺である。これについては吉田松陰の「講孟剳記《こうもうさつき》」に次のように述べてある。

「恒産なくして恒心あるは、ただ士のみ能《よ》くすとなすと、この一句にて士道を悟るべし、諺にいう、武士は食わねど高楊子と、またこの意なり、しかれども、これ武士の教えというには非ず、

武士の有様なり、武士という者は、飢えても寒くても、わが持ち前の心懸けを失わぬほどのことは申すまでもなきことにて、教えというには足らぬことなり、特に本邦にては武義をもって本とし、中世以来、武門武士と唱え、専ら武道武義を励むことなれば、これ程のことは三歳の小児も弁《わきま》え知ることとなるべければ、今更教えというに及ばぬことなり」

貧富によって少しも心を動かさず、財の有無を関知せざるがごときは、武士の常態というべきであって、いやしくも武士ならば三歳の小児すら左様であり、特にこれを教えというには足らぬというのである。既にこれが常態であって、三歳の小児すら、これをわきまえているということであれば、いやしくも武士にして義を忘れて利につき、財の有無によって心が動かされるということがあれば、これは武士道にはずれたもの、もはや武士にあらざるものとして、いやしめられねばならなかった。そしてここに武士の廉恥心が養われたのである。

堀尾帯刀吉晴というのは、もと茂助といって、少年の時から豊臣秀吉に仕え、天正十一年に若狭高浜一万石に封ぜられ、のち次第に大身となって秀吉の晩年に遠州浜松十二万石を領して中老となり、関ケ原の役後には出雲松江二十三万五千石に封ぜられた人であるが、その慶長十七年六十九歳にて卒去した時には、二十三万五千石の大守でありながら、衣服調度、すべて高浜一万石の時と異なることがなかったという。これは栗原信充*の「続武将感状記」に見える話であるが、富んで驕らず、財に心を奪われない武士の面目は、ここによく現れているのである。

富んでしかも驕らないことこのようであれば、貧困に陥ってもまた志をかえないことというまでもない。謡曲「鉢の木」の佐野源左衛門の心が、すなわちそれである。新井白石*の自叙伝である「折たく柴の記」を見ると、白石は、その父なる人を写し出して、古武士の風格を躍如たらしめている。白石の父が七十五歳の時、重病にかかって危篤に陥ったので、医者が来て薬をすすめたところが、平生白石の父の人にもいましめた詞《ことば》に、

「若い人は別であるが、高齢になってから、寿命に限りあることも考えないで、薬のために見苦しい醜態を演じてはならない」

と言っていたので、そのいましめにそむいてはと心配する人もあったが、ともかく病の急なるままに投薬したところが、それによって息吹きかえし、ついに病いが平癒したという。結果から見れば平生の戒めが何の働きもせず、かえって頑固笑うべきように見えるものの、この平生の心がけのうちに、必ずしも生命に執着せず、臨終に取みだすまいとする武士のゆかさしが偲ばれるのである。またその日常の生活についての叙述も、いかにも無欲簡素の趣が見えて奥床《おくゆか》しいのであ

る。
この父に育てられた白石である。初め父子共に禄に放れて困窮した時、富商の養子にという申し込みも断り、また天下にならびなき富豪が後援しようというのも拒絶して、貧困のうちに従容として時節を待っていたのである。そして後になって、ようやく堀田筑前守正俊に仕えることとはなったけれども、その家にも不幸があって、家士を扶助すべき禄米思うに任せず、皆々禄を減ぜられたので辞し去るものも少なくなかったが、白石は一旦主として仕えた以上は、かような時に離れ去るべきではないとして、依然として仕えていたものの、十年の後、遂にこれを去ることになったが、その時の模様を白石はこう述べている。

貧は士の常などいうことあれば、私のことにおいては、いかにも堪え忍びしかど、つかえに従う身には、そのほどにつけてなすべきことども多ければ、ついには財尽き力窮りて、三十五歳といいし春に至りて、ありしことども書あらわして身のいとまを給わるべき由を申聞え、……ついにわが請う所をゆるさる、この時におよびて、家に余れる資財をはかり見しに、青銅三百と白米三升にはすぎず、よしよし忽ちに饑える迄のこともあらじといいて、妻子引具して、年比、師檀のゆかりにつきて、高徳寺にゆき至り、やがて浅草のほとりに宅借りて移れり。

青銅三百と白米三升、これでは一家数日を支えることも困難ではないか。しかるに白石は、窮迫ここに至るまで堪え忍び、ここに至って全く禄に放れ、しかも「よしよし忽《たちま》ちに饑《う》える迄のこともあらじ」と落ち着いている態度は、平生の覚悟のほども思いやられると共に、さすがはあの父にしてこの子ありとうなずかれるのである。武士が貧しくして志を屈しない風格は、これらの例に翫《がん》味《み》すべきである。

栗原信充＝（一七九四～一八七〇）上野の人。寛政六年江戸に生まれる。少時より古典の研究につとめ、多くの著あり、明治三年七十七歳にて京都に没した。続武将感状記は前著「砕玉話」についで武林の旧事を記せるものである。

新井白石＝（一六五七～一七二五）江戸時代における学者にして政治家として有名な人。明暦三年江戸に生まれ、木下順庵に学ぶ。六代将軍家宣に仕えて二十年、七代将軍家継に仕えて四年、天下後世を益した。享保十年没。年六十九。著書数百。藩翰譜、読史余論、折たく柴の記等はことに名高い。

五　武士は恥を知り、武士道に生きる人

富んで驕らず、貧しくして屈しないのは、もともと武士の心が財にとらわれていないからである。もとよりそれぞれの分に応じて経済生活を整正《せいせい》しつつ、しかもその心を超越しているからである。利は始めよりこれを度外視しているからである。すなわち武士は一途に義につくものであって、利は関知しないのである。したがって万一、義を離れ、義にそむき、義を忘れ、しかして利に就《つ》き、利にはしるということがあれば、武士としての恥辱これより大なるはないのである。

武士はすべてに恥を知る。白石の父の幼かった時、同じ年頃の童と遊んでいた際、

「人をあなどることという人かな」

といったところが、これをきいた父（白石の祖父）が、戒めていうには、男子が他人から侮られるということは恥辱である。今の詞《ことば》は冗談ではあるが、自らその侮りを受けるような言方である。

こういう言葉を遣ってはよろしくないと言ったことが、「折たく柴の記」に見えている。吉田松陰の「講孟劄記」には、

「そもそも恥の一字は本邦武士の常言にして、恥を知らざるほど、恥なるはなし、武士の恥を知らざること、今日に至り極れり、武道を興さんとならば、まず、恥の一字より興すべし」

と述べている。いつもながら松陰の文、簡潔にして直ちに人の肺腑をつく概があるのは、もともとその人、恥を知り、武士道に生きる人であったからである。しかして、更に深切にこれを説いたものには、大道寺友山の「武道初心集」がある。すなわち、その中巻、廉恥の条に、次のように述べている。五、六十年前までは、浪人が仕官の時の条件に、乗り替えの一疋もつなげますほどでなければというのは、知行五百石以上でなくてはという意味であり、せめて痩馬一匹もつなげますようにというのは、三百石ほどならばという意味であり、また錆鎗の一本ももたせますようにというのは、百石ほどにという意味であった。その時分までは、武士の古風が残っていて、自分の口から何百石などと、禄高のことをいい出すまいという意地から出た言葉であった。鷹は飢えても穂を啄まず、武士は食わねど高楊枝などというのも、皆その時代の諺であって、当時は若い武士は、経済損得の話、物の値段などを口にせず、女色の話などを聞けば赤面するという風

であった。武士は及ばないまでも、かような古武士の風格は学びたいものである。

「たとえ鼻は曲りても、息さえ出ればよきという意地合に罷成候ては、是非に及ばず候」

これが「武道初心集」廉恥の条の大意である。その著述の年代は明らかでないが、著者は享保十五年九十二歳にして没したといえば、ここに五、六十年前のというのは、けだし寛永正保から明暦万治の頃をさすものであろうか。その頃は一般に風俗淳朴であったことは、いろいろのものに見えているが、ことに左の如き借用状が伝えられているのは、特に注意すべきであろう。

借請申銀子之事

一銀百五拾円也

右之銀子慥に預り申候、万一此銀子返済いたし申さざる事御座候わば、人中において御笑いなされ候共、其節一言の申分これなく候、仍而如件《よってくだんのごとし》

万治三年子五月

佐野屋喜兵衛

播磨屋嘉兵衛殿

これは「三貨図彙」に載せるところであるが、もとよりこれとて当時にもざらにはなく、珍しいことには相違なかろうけれども、とにかくかかる借用状が現れ、またこれが珍重して世に伝えられた所を見れば、当時は一般に淳朴の気風であったことが察せられるのである。佐野屋喜兵衛といえばけだし町人であろうが、町人すら借りた金を返済せずして人中でどっと笑われることを恥辱とし、これを恥辱とする心を証人として、この証文を書いたのである。ましてや武士が、恥を知り、義に勇んだことはいうまでもあるまい。従って「武道初心集」にいうところ、自ら石高をいうを恥ずるという如き、武士は食わねど高楊子の諺が、その頃に出たという如き、まことにさもあったろうと思われる。それにしても同書の末尾、

「たとえ鼻は曲りても、息さえ出ればよきという意地合に罷成候ては、是非に及ばず候」

の一句、奇警の語、いい得て実に妙を極めているではないか。

六　山鹿素行の見事な対応

上文しばしば吉田松陰の文を引用したが、吉田家は山鹿流の兵学をうけつぎ、兵学*師範として

長州藩に仕えた家であり、したがって松陰も家学をついで山鹿素行を先師とたたえ、その書を熟読したのであるから、松陰の思想を見る者は、その源流に遡って素行の著作を見なければならぬ。また大道寺友山の文も上にしばしば引用したが、友山は山鹿素行に学び、壮年浅野家に寄寓したこともあるという。よってこれらの人々の思想の源流として、これより少し素行について述べよう。

山鹿素行が古学*を唱道した一代の碩学であったことはいうまでもないが、しかしその幼少よりの鍛錬修養は、単に儒者としての教養ではなくして、むしろ武士としての練磨であった。その自叙伝である「配所残筆」にも、

「われら幼弱より、武芸軍法怠らず候、十五の時に尾畑勘兵衛殿、北条安房守殿へ通い申候て、兵学稽古修行せしめ候、二十歳よりうちにて、門弟中に、われら大方上座仕り候て、則ち北条安房守筆者にて、尾畑勘兵衛殿印免の状、これを給わり候、二十一歳の時、尾畑勘兵衛殿印可仕られ候て、殊更、門弟中一人もこれなく候印可の副状と申し候を、われらに与えられ候、筆者は高野按察院光看にて御座候、その文に、文においてその能く勤むるを感じ、武においてその能く修むるを歎ず、ああ文事ある者は必ず武備あり、古人云う、われまた言うと、末句に、われらを御

称美の此の文言をば、勘兵衛殿、直に御好に御座候」と見えている。尾畑勘兵衛景憲といえば当時有名なる軍学者であったが、素行は十五歳の時からこの人について学び、二十歳にもならないうちに、もはや門人の上座となり、二十一歳の時にはひとり印可をうけたばかりでなく、特に前例のない印可の副状というものまで授けられたのである。そして正保四年秋、三代将軍家光より北条安房守に命じて城取の作法本図をつくらしめた時、折から素行は瘧《おこり》を煩って病臥中であったが、安房守はわざわざこれを病床にたずねて相談し、その意見をも聞いた上でこれを作ったのであった。このようであったから、まだ二十になって間もないうちに、諸大名から兵学師範として召し抱えようという申し込みがあり、また三代将軍にもこれを登用しようという意志があったが、種々の事情でまとまらず、承応元年三十一歳の時、ついに浅野内匠頭に仕えることになったが、浅野といっても支藩の播州赤穂であるから、僅かに五万三千石に過ぎず、従って家老の大石でさえ、ようよう千五百石しか貰っていない中に、新たに召し抱えられた山鹿素行は一千石を与えられ、しかもこれを客寓したというのであるから、その重んじられたことが察せられる。しかもそれも九年の間で、万治三年には禄を辞してしまった。

素行は初め程朱の学を奉じ、中ごろ老荘を好み、また仏教を貴んだのであるが、やがてその間の矛盾を解決しようとして古学を唱道し、漢唐宗明の学者の注釈解説を捨てて直ちに周公孔子の本文を翫味し、それによって学問の筋を正そうとしたのであった。こうして著されたのが「聖教要録」であって、そのために幕府の忌むところとなり、「要録」著述の翌年、寛文六年、四十五歳の時、ついに赤穂へ流されることとなったのである。この宣告をうけた時の素行の態度がまた実に見事であった。幕府から呼出状が来たのは十月三日の未の上刻といえば午後の一時すぎであったろう。相尋ぬべき御用あるについて、早々北条安房守の宅まで来るようにということである。素行はすぐにこれに請状を出すとともに、夕飯をしたため、行水をなし、定めて只事ではあるまいと思ったので、立ちながら遺言状を認《したた》め、外にも五、六ヵ所へあてて手紙を書き、わざと老母には知らせずに、先祖の菩提寺である牛込の宗参寺へ参詣し、さて北条安房守の宅へ行くと、ここには人馬多く集まって、場合によっては踏み込むべき勢い物々しげであったが、素行は少しも臆するところなく、奥へ通り、安房守から浅野内匠頭へ預けられる旨の申し渡しを受けた。素行は従容《しょうよう》としてこの命を受け、そのまま配所に赴いたのであるが、そのあわてず、騒がず、自若《じじゃく》として、しかも謹厳なる態度は、いかにも見上げたものであった。

赤穂に流されて十年に及んだことは、不運といえば無論不運には相違ないものの、素行の思想的転回からいえば、未だ必ずしもこれを不幸とのみ断じ難いものがある。それはこの間において彼の考えが非常に進み、従来とても世間一般の風潮である支那文化の模倣追随を嫌って、むしろ転じてわが国の歴史を考え、国体をわきまえようという風のあったものが、いよいよ徹底して来て、日本人としての自覚が、俄然深められて来たからである。「聖教要録」は配流の前年に成り、配流の直接の原因となったものであるが、それは卓抜の識見一世を睥睨《へいげい》するとはいえ、もともと支那の学問であって、日本の思想として挙げるほどの自覚は未だ現れていない。著名がなければ、必ずしもこれを日本人の著述と見ることの出来ないほどのものである。しかるに、流されてより足かけ三年、寛文八年に作った「謫居童問」を見ると、あるいは世間文字の学者、異国をもって師とし、国の風俗を異国のそれに、改めようとするのは誤りであって、支那と日本とは同じ世界にあるとはいえ、あらゆる点において相違があり、したがって「大唐のことをもって本朝を評し、本朝に居て異学をねがう」では「更に日本の風俗に相応すべからざるなり」といい、あるいは、

「異朝は異朝の政《まつりごと》あり、本朝は本朝の政あって、異朝の制よしと云うとも、異朝にしては用

うべし、本朝には用いがたきこと多し」といい、または支那にあっては革命しばしば行われて、代々創業の君乃ち天子となって天下を成敗するが、わが国においては、わが家が天下の権を擅《ほしいまま》にすること、清盛の如く秀吉の如きであっても、やはり皇室を崇敬して、天照太神の御苗裔《びょうえい》いまに至るまで連綿として天子であらせられる。これは支那の例とは比較にならないところであって、勤王の道はわが国において明らかであるというべきであるといい、かくの如くなれば、たとえ周公孔子わが国に出ずるとも、支那の礼を日本に行おうとはせられないに違いないなどと説いてあって、ここに日本の歴史の重要視されて来たことに気がつくのである。

兵学＝軍学ともいう。用兵、戦術を研究する学問。わが国において、特に発達し研究されたのは江戸時代の初期であり、北条流の開祖の北条安房守氏長、その高弟山鹿素行、由井正雪等は有名である。

古学＝儒学においては二程子、朱子など後代の学よりも、直接古く孔孟の精神に就こうとするのをいう。あるいは国学においては、古代においてこそ純日本的なものが完全に実現されているから、古代日本の古典を研究しようとする学問である。賀茂真淵、本居宣長は、それである。近世勤王運動を促したところが大きい。

七　利を去って義につく精神

山鹿素行の思想の日本復帰は、寛文八年の「謫居童問」にすでに見えているが、それが更に一層の精彩を放ってきたのは、翌くる寛文九年、彼が四十八歳の冬に作ったところの「中朝事実」である。これは、上下二巻、天先、中国、皇統、神器、神教、神治等の諸章に分かって、わが国開闢《かいびゃく》の由来を述べ、国体を明らかにしたものであるが、これに題して「中朝事実」というのは、すなわち日本歴史という意味である。元来支那人は尊大な民族で、自国を中華といい、四隣を夷狄と侮っていたが、わが国の学者は支那の文化に眩惑するのあまり、この尊大な考えをもそのまま容認して、自ら日本を夷と考えるものが少なくなかった。しかるに素行は、知仁勇の三徳について、いちいち日本と支那とを比較して、そのどの点から見ても、わが国は遥かに支那にまさるから、日本こそ真に中国というべきであるとして、わが国をよんで中朝といったのである。このようにわが国の歴史を研究し、国体を明らかにした素行は、更に進んで武家の歴史を研究し、武士の規模を明らかにして、延宝元年五十二歳の時「武家事紀」を著した。「武家事紀」は五十八巻、歴史、地理、法令、礼式、古実、武芸等の各方面にわたり、武家の承知すべき一切を網羅してほとんど武士道の百科全書といっていい。

ここにかえりみて彼が明暦二年三十五歳の時に著した「武教小学」を見れば、この中にすでに武士道の指導者としての面目の躍如たるものがあり、その門人の筆になった序文には、外国崇拝の反駁さえ見えている。すなわち日本人の最もなずむところはみだりに外国の風俗を慕うということである。みだりに外国の風俗を真似るのは、十分に道理を究めないからである。いったい学問をするのは道理を明らかにするためであって、外国の風俗を学ぼうとするためでは決してない。まして武士道に於いては、外国の風俗を模倣するというようなことは、決してあってはならないという意味のことが見えている。して見れば素行は始めから武士道の鍛錬教育を受け、その長い生涯の最後にいよいよ武士道、士道に徹した人であって、武士道は、その一生を貫いているものである。恐らくは彼の学問が赤穂に流されているうちに、支那の学問という気風をすっかり脱却して、全く祖国日本にかえって来たのも、この武士道の教養に負うところが多かったであろう。

このように純なる日本人として自覚し、ことに日本武士としての道に徹し、その武士道の経典ともいうべき数々の書を著した素行が、武士道において何を重要視したかというに、ここに注意すべきは、その論説を門人等の記録した山鹿語類中、「士道」の一篇である。この一篇は更に幾多の章に分かれ、各方面にわたって深切に説示してあるが、今その最も重要なるものとして「義利を弁ず」という一章をあげよう。

師かつて曰く、大丈夫存心の工夫、ただ義利の間を弁ずるに在るのみ、君子小人の差別、王道覇者の異論、すべて義と利との間にこれあるなり、いかなるをか義といわんとならば、内に省みて羞畏する所あり、事に処して後に自らあきたる、是を義というべし。いかなるをか利といわんとならば、内に欲を縦《ほしいまま》にして外はその安逸に従う、これを利というべし、古今の間、学者道に入るの始末、ただ義利の弁を詳かにするにあるべきなり、その故は、利は人の甚だ好むところにして、人々のみな陥溺《かんでき》する所なり、されば生死についていえば、生を好み死をにくみ、利害についていえば、利にはしりて害をさけ、労逸についていうときは、労を嫌って逸につく、飲食居宅衣服の用、視聴言動の間、凡そ七情の発するところ、各この情なくんばあるべからず、聖人君子の教え、生を嫌って死につき、害にはしりて利をさけ、労を逸せざれというにはあらず、（中略）自身を利することを好むは、これまた天下の情を同じくするところ、聖人君子は能く軽重を弁ず、軽重というは、君父兄師夫はわがために重し、臣子弟幼はわがために軽し、天下国家は身よりも重し、視聴言動は心より軽し、この軽重を詳かに究理する時は、惑ここに止むべし、その故は生死の場、この一刹那にありというとき、君のため父のため、その外重きもののために害あらんにおいては、速に死して顧みるべからず、わが重きもののために害なきにおいては、能く保ち能く養って、命を全くするに在りぬべし、利害労逸各然り、万事においてかくの如し、事物の理を究めれば、すなわち義理の行長じて、利害によるところ則ち消滅す、（中略）大丈夫として己れが利害によって、天性に恥じ恐れるところ明白なる義を棄てんことは、はなはだ歎くべきなり。

見よ、武士道の体得者にして武士道の指導者であり、長く後世に影響する所のあった山鹿素行は、武士道において最も重んじたところは、利を去って義につく精神であったのである。

素行のこの精神を承けついで起こったものは、時を異にして所を異にして、その数は多いであろうが、就中《なかんずく》、最も著明なものは、これを前にして赤穂四十七士、これを中頃にとって吉田松陰、これを後にして乃木大将を挙げる。これらの人々、いずれか利を去って義についた人でないものがあろうか。四十七士は世よんで義士といい、室鳩巣は呼んで義人といい、よって「義人録」を著して、「諸士はすなわち生を捨てて義を取る」といった。その義を重んじ義に就いたものであることというまでもない。しかして吉田松陰に至っては、「士規七則」を作って武士道の大綱を述べ、その第三条に「士道は義より大なるはなし、義は勇によりて行われ、勇は義によりて長ず」と言っている。士道は義より大なるはなし、義の一字こそ、まさに武士道の眼目、その神髄であるといわなければならない。

八　小忠と大忠

武士道は義をもって重しとする。しかるに、義は忠義をもって最も重しとする。それゆえに素

行の士道にも、「忠孝を励む」の一章を設けて、

「徳を練ることは、まず忠孝を励まして、その誠をつくし、君父につかえまつる間、天性にしたがい守って、更に違えざるをもって本とすべきなり」

といい、また、

「君父は人倫の大綱にして、わがつかえるところ誠をつくさずば君臣父子の道明らかならず、誠をつくさんとならば、徳を練らずしては、その実必ず薄くして、あるいは害にあたって変じ、死に臨んで変ず、すべてのこと、大節にのぞみ、大変にあい、大事を決するに至らずしては、その徳発見することあらず、世間平生底といえども、徳を本としてそのことに処する輩は、その根ざしかわれり、しかれども事事たらざれば、その効あらわれず、非常の変ここに来たりて、臣とし子として明白にその誠をつくさんことは、徳もって正しからずしては叶うべからざることなり」

と説いているのである。

しかるに忠義ということになってくると、ここに山崎闇斎*の功績を大なりとしなければならない。何故ならば闇斎は、日本人として命をすてて忠を致すべき真の君主は、すなわち、天皇にほ

かならぬことを明らかにしたからである。当時封建の世においては、主従の関係複雑して、その帰属の終極明らかならず、上下の差別つかず、大小の判断に迷うものが多かったのであるが、闇斎はわが国の歴史を研究して、日本人がまことの君として仕え奉るは、ただ天皇御一人であることを明らかにしたのであった。これはやがて、その門人浅見絅斎《あさみけいさい》*を常に京都に住まわせて一度も江戸へは下らしめず、主とするところ天子にして将軍にあらざる意を明らかにせしめ、またその絅斎の門人若林強斎を、彦根の井伊掃部頭の城を見るさえいとわしめ、その仰ぐところ偏《ひとえ》に朝廷であって、決して大名でない意を明らかにせしめたのであった。後に佐久良東雄《さくらあずまお》が、また僧侶として常陸の善応寺にあった時、あるとき藤田東湖が尋ねて来て、水戸に仕えるようにすすめたところが、東雄はこれを断って、自分にはちゃんと主人がきまっているのであるから、二君に仕えるということは出来ないといった。東湖は不思議に思って、一体どなたに仕えているのかと聞いて見ると、東雄は色を正して、

「自分のお仕え申上げるお方は京都においでなさる、すなわち天子様である」

といったので、東湖も恐れ入って一言もなかったということであるが、これら皆同じ精神のあらわれである。

しかるにここに問題となってくるのは、武士道は封建時代の狭小なる主従関係における忠義、いわば小忠を眼目とするのであって、日本人としての真の忠義、すなわち天皇に対し奉る大忠を考えないもの、否むしろそれと背反《はいはん》するものではないかという疑いである。もし真にこの大忠と背反するものであったら、武士道は単に封建時代においてのみ現われた一時的変態の道徳であって、永久にわたって日本人の精神行為の規矩《きく》とするに足らないことになるのである。この疑いは世間に少なくないようである。また事実変則的主従関係にのみ捕われて、大忠大義に背《そむ》くような考え方に反対し、その蒙《もう》を啓《ひら》こうとして、わざと武士道反対を唱えた人もあったのである。しかしながら真の武士道は決してそんなものではない。真の武士道にあっては、小忠決して大忠に矛盾背反せず、いな小忠なくしては大忠はあり得ないのである。

山崎闇斎＝（一六一八～一六八二）江戸時代の儒者。元和元年生まれ、天和二年没す。年六十五。門下に秀才多く、著書も頗る多い。日本的儒者として後世に影響し王政維新は闇斎に発するとも言われる。

浅見絅斎＝（一六五二～一七一二）近江の人。山崎闇斎の門人。靖献遺言を著して尊王の大義を鼓吹した。正徳元年卒。年六十。著書もすこぶる多い。

九　保元の乱の源為義と義朝

いわゆる変則的主従関係の小忠の徳を発揮した最も顕著なる例としては、赤穂四十七士を挙げるに異論はあるまい。しかるに四十七士の行動は、一般にいえば変則的主義関係をよしとせず、日本人としての大忠に徹底せんことを期した浅見絅斎《あさみけいさい》が、口を極めて称讃し、人のこれを非難するものがあると、いちいちこれを弁斥《べんせき》して、

「あさましきあさはかなる論なり」

と退けているのである。栗山潜峰は、やはり大石良雄らのなすところに感激して、

「その義烈の磅礴《ほうはく》するところ天地といえどもために震蕩《しんとう》す、士風よりてもって奮い、民彜《みんい》よりてもって植《た》つ、これを千載《せんざい》の一人《いちにん》という、可なり」

とまで嘆称しているのである。して見れば小忠の大忠を害せず、ひとりこれを害せざるのみならず、その基礎となり、根柢となるものであることは、ここに自ら明らかであろう。まして明治元

年十一月五日、車駕《しゃが》東幸の後間もなく、明治天皇は勅使を差遣《さしつか》わして義士の墓を弔わしめ給い、かつ金幣を賜って、彼らが固く主従の義を執り、仇を復して法に死し、百世の下、人をして感奮興起せしめたことを深く御嘉賞あらせられたのだ。小忠が永久にその光を滅せざる、何人かこれを疑うものがあろう。

しかしながら、それは小忠大忠の相関しない場合であって、大忠の前には小忠小義悉く消滅し去るべきであるという論があるであろう。しかり、もし小忠小義が大忠大義を害うならば、その小を捨てて大を取らなければならないことはいうまでもない。しかしながら、ただ大忠大義を取って一切その他をかえりみないかというに、必ずしもそうではない。今これらの関係の最も複雑し紛糾している例として、保元の乱後、源義朝が、勅令によって父の為義を殺した場合をとって考えてみよう。

保元の乱に、源為義は崇徳上皇の御方に、その子義朝は後白河天皇の御方に参り、父子相分かれて一族敵味方となったが、いよいよ戦は上皇方の敗退となった時、為義はすでに六十余歳の老人であったが、今はただ義朝をたよって降参をしよう、義朝もさすが子であるからには、今度の勲功に申しかえても命ばかりは助けてくれるであろう。ただし自分も上皇方の大将軍を承《たまわ》ったものであるから、あるいは朝廷におかせられても御ゆるしがないかも知れない。それはまたいたし方のない事である。自分は七十にも近い老人の事であるから惜しむべき身でもない。万一命が助けられるようであったら、その時はまた何とかして外の子供も助けようといって、為朝のとめるのも聞かないで、義朝をたよって京都へ出て来た。義朝は悦んでこれを迎え、さまざまにいたわっていたが、そのうちに朝廷では為義を死罪に処せられることにきまり、しかもその処刑を義朝に命じられたのであった。義朝は二度までも助命の嘆願をしたが、どうしても許されず、困却して家来の鎌田次郎正清に向かって事情を述べ、もしこのようにして父を討てば五逆罪の一を犯すこととなる、とはいっても討たなければたちまち違勅の者となるであろう。一体どうしたらよいかと相談すると、正清はこれに答えていうには、

「既に朝敵となられた上は結局のがれることの出来ない身である。もしこの処刑を御引受けにならなければ、人手にかかるのを傍観せられることになる。それよりは御手にかけまいらせて、後世の菩提を弔われる方がよろしいでしょう」

と言ったので結局それに決まった。為義を欺いて外へつれ出し、遂に斬って了ったのであった。これは勅命を重しとし、父を軽んじたのである。一見すれば大義親を滅したるものと言っても不

可なきように思われるのである。

しかしながら厳密にこれを批判すると、義朝の行為は明らかに間違っている。大義親を滅すとして承認せられるのは、父の存在が直ちに天皇にとって御危険を感じられる場合だけである。もしこの時為義なお武力を有し、あるいは不逞の陰謀を存し、その存在が大君の御為に危険である場合には、すなわちもし義朝が為義を斬らなければ、為義は弑逆の大罪を犯す恐れのある時は、大義親を滅し、子として父を討つも、まことに止むを得ないところである。しかしながら当時為義はさようの不逞を謀る力もなく、意志もなく、悄然として敗残の老身を寄せ、子をたよって哀みを乞うたのである。義朝はその子として、父にたよられて、たとえ勅命がどうであっても、この事情においては、決して父を手にかけるべきではない。勅命もだしがたければ、自ら腹を断って父の身代わりに立つべきである。人の子たるものの道、この外には決してない。

十　北畠親房などの所論

この問題は極めて重大なる問題であって、先賢の詳しく論ぜられたところであるから、もしそれらの論を細かに吟味してゆくならば、自ら正しくこれを批判し得るようになるであろう。よって以下少し先賢の論を列挙することにしよう。

第一には北畠親房の「神皇正統記」である。この書の三条院の条に、この問題を論じてこういっている。

義朝重代の兵なり上、保元の勲功捨てられがたく侍りしに、父の首をきらせたりしこと、大なる科なり、古今にもきかず和漢にも例なし、勲功に申し替うとも、みずから退くとも、などか父を申し助ける道なかるべき、名行かけはてにければいかでか終《つい》にその身を全くすべき、滅びぬることは天の理なり、凡そかかることは、その身の科はさることにて朝家の御誤なり、よく案あるべかりけることにこそ、そのころ名臣もあまたありしにや、また通憲法師もっぱら申し行いしに、などか諫め申さざりける、大義親を滅すということのあるは、石碏《せきしゃく》という人、その子を殺したりしがことなり、父として不忠の子を殺すは理なり、父不忠なりとも、子として殺すという道理なし、孟子に譬をとりていえるに、舜、天子たりし時、その父瞽叟《こそう》人を殺すことあらんを、時の大理なりし皐陶《こうよう》とらえたらば、舜はいかがし給うべきといいけるを、舜は、位をすて、父を負いてぞ去らましとあり、大賢の教えなれば、忠孝の道顕われて面白く侍り、保元平治よりこの方、天下乱れて武用さかりに、王位軽くなりぬ、いまだ太平の世にかえらざるは、名行の破れそめしによれることとぞ見えたる。

浅見絅斎の「忠孝類説」には、先ず、「保元物語」を引いて事実をのべ、次に「神皇正統記」をかかげて親房の評論を示し、それに附して自分の意見を出して、次のように論じている。

嗚呼《ああ》親房の論はなはだ当たれり、余毎に読んで、為義の義朝もし我に託して来らば吾必ずまさに吾が命に換えてもってこれを救うべしというに至って、未だかつて巻を廃して歎ぜずんばあらざるなり、義朝ここにおいてか人心を喪うに至れる、罪実に天に通ずというべし、鎌田の正清、意に阿り非を飾り、主臣淪胥《りんしょ》して以て君父を弑するの大悪に陥る、ああまた醜むべし、今井の兼平木曾の暴逆に従って強諫する能はず、相与に乱賊の党となる。事同じからずといえども、然もその罪は一なり、野間の変、粟津の亡、それまた遅し、親房の論、最後の一節、太平の世にかえらざるは、名行の壊れによるというに至っては、すなわち卓絶の見、至当の言、識者感ありという。

室鳩巣の「士説」は極めて簡単ではあるが、実によく武士道の特質を云い表わしたものであることは、前に述べた所であるが、この人の「駿台雑話」を見ると、士の節義を論じて、義朝父を殺すことに及び、

「義朝さしも源家の名将と聞こゆれども、勇気ばかりにて義理にくらく、志節なき故にこれほどの理非にまよいたり、いかがして長田忠宗がおのれを殺すをとがむべき、ただし、このことは北畠親房の「神皇正統記」の論正しくして、最も理に当たれり、この事の断案ともいうべし」

として正統記の論を引き、

「この時代これほど正しき議論あるを聞かず、さすが親房、南朝の耆老とて、この見識あるほどに、この議論もあるぞかし、近き頃、明智光秀が織田信長を弑せんとて丹波路より引き返す時、途中にて旗下の将士へ陰謀の企てあることを始めて云い聞かせ、さて一党同心せんという一紙の誓文を出しけるに、軍士たがいに驚き視て、とこうのことに及ばざりしに、齋藤内蔵介申

しけるは、この御企《くわだ》て千にひとつも御利運あるべきことにて候はば、同意いたすまじく候えども、御敗亡は見えたることにて候、それに只今辞退いたし候わば、命をおしんで其場をはずし申にて候、それは士の義にあらずとて、一番に血判しければ、残りの人々も一言に及ばず、みな同じけるとなり、孟子に非義の義は大人なさずといえり、内蔵介が義は大人のせざる所なり、この時光秀をつよく諫めてきかれず、光秀が手にかかりて死なんは、中々まさるべし、万一光秀本望を達し、永く世にあらば、内蔵介いきておるべきや、いきておらば前にいいたることはいつわりなり、よしまたその時自殺するにもせよ、賊党の名はのがれ得ず、世話にいわゆる犬死というべし、畢竟義理の筋にくらきゆえに、小節にこだわり、時勢に逼《せま》られて、ついに賊党に陥り、極罪に処せられけるはなげかわしきことならずや」

と述べている。ここには明智の場合をも論じて、大忠小忠の紛糾する大変を裁断することあざやかである。

「正統記」の論を喜んで、そのままこれに従うものには、このほかに新井白石の「読史餘論」がある。これは全く「正統記」の文を取って記しているのであって、「正統記の評これに同じ」といい、「また北畠の准后のいわゆる名行のやぶれ、一言もって蔽えりと云うべし」と言ってい

る。その白石の「読史餘論」を引いて、これに賛成しているのは、吉田松陰の「講孟箚記」である。すなわち、

「この説先ずわが意を得たり、かくの如くにして救い得ずんば、父と命を倶にして死するとも、何の憾《うらみ》かあらん、舜と云うともまた然り、人を殺すの罪人を窃《ひそ》かに負《お》いて逃るるとも、天下の威勢にて是を追捕せば、不日《ふじつ》に露顕するも料《はか》るべからず、終身訢然《きんぜん》たる事は覚束なし、しかれども立所に父子命を倶にして死するとも、またその終身訢然たるに害なしとす」

と言っている。

すなわち武士道においては、忠孝矛盾し、大忠小忠背反《はいはん》する如く見える大変に遭遇していかにその身を処すべきかについて、十分の吟味が行われているのであって、武士道をもって簡単素朴、真の道義にくらしとなすは当たらないのである。前掲の諸家、絅斎は赤穂四十七士を論じ、鳩巣は「士説」を著わし、白石は「折たく柴の記」を作り「藩翰譜」を著わし、松陰は「士規七則」を作り、いずれも武士道の発揮に貢献した人々である。それらの人々の論を見て、武士道にいうところの義が、決して封建時代の特殊なる社会組織が生んだ変則的道徳ではなくして、実に

古今を通じてあやまらざるものであることを知るべきである。しかしてこの武士道の精神が、朝廷の大義と全く一致することは、朝廷柱石の重臣にして武士にあらざる北畠親房の所論にかんがみて、明瞭疑いを容れないであろう。

十一　武士道精神の神髄

以上、説き来ったところによりて、武士道においては、利を思うことなくして専ら義を重んじ、義に勇んでは身命をかえりみず、すでに身命をさえ顧みないのであるから、その他の小さな欲望に捉われることはなく、もし慾に捉われ命を惜しんで、そのために義につくことが出来ない時は、これを最大の恥辱と考えたことは明らかであろう。この義に勇む心、節義廉恥の精神こそは、武士道の神髄である。

井沢長秀の「武士訓」及び「明君家訓」は、前にもその一節を引用して置いたが（その武士訓の如きは吉田松陰が愛読したものであった）、その明君家訓には前引のほかに、武士が平生おこたらず節義をたしなみ、一言一行も武士道に不僉議《せんぎ》なることがあってはならないと戒めた一条があって、

その中に節義の嗜みというのは、

「恥を知って、首を刎ねられるとも、おのれがすまじきことはせず、死すべき場をば一足も引かず、常に義理を重んじて、その心鉄石の如く」

なるべきであって、しかも、また温和慈愛にして、物のあわれを知り、人に情あるを、節義の士とは申すのであると説いてある。齋藤拙堂の著に「士道要論」というのがあるが、そのうち士風の条に、

「士風正しというは、礼儀廉恥をむねとするにあり、(中略)士たるものかかる時は一足もひかず、君の馬前にてうち死するを第一の職分とし、第一の面目ともすれば、常にこの風をまもって勇気をやしない、雷霆《らいてい》を聞いて驚かず、風波をふんで疑わず、泰山前にくずるとも色変ぜざるべし、むかしより武士というかぎりは、この風にてありしを、太平久しくうちつづき、この風いつしかうすらぎ」

と言って、当時士風の衰頽を慨歎しつつ、武士道の真面目を説いている。真木和泉は幕末王事につくし、大義のために殪《たお》れた人であるが、その著に「紫灘遺稿《しだんいこう》」があり、その中に武士道を論じて次のように説いている。

「士の重んずる事は節義なり、節義は例えて言えば、人の体に骨あるが如し、骨なければ首も正しく上にあることを得ず、手も物を取る事を得ず、足を立つ事を得ず」と。節義廉恥の精神、利を思い安きにつくことなくして、義に勇んで死を潔しとする心こそ、武士道の神髄であること、いよいよ明らかであろう。思うに、この心はすなわち武士道の神髄であるが、これこそは実に一国の存立に欠くべからざる元気である。これなくしては国家は決して健全に存続維持発展し得ない。人々この心なき時は、その人はもはや威厳をたもち得ない。国家にこの元気なくしては、その国家はもはや威力をもち得ないのである。西郷南洲かつてこれを説いて曰く、

「節義廉恥を失って国を維持するの道決してあらず、西洋各国また同前なり。上に立つ者下に臨んで利を争い、義を忘れる時は、下皆これに倣い、人心忽ち財利に走り、卑吝の情日々に長じ、節義廉恥の志操を失い父子兄弟の間も銭利を争い、相讐敵するに至るなり、かくの如く成り行かば、何をもって国家を維持すべきぞ、徳川氏は将士の猛き心を殺ぎて世を治めしかども、今は昔時戦国の猛士よりなお一層猛き心を振い起こさずば万国対峙はなるまじきなり、普仏の戦に仏国三十万の兵三ヵ月の糧食ありて降伏せしは、余り算盤に精しきが故なり」

と。さすがは巨人、これは国家盛衰興亡の原理に徹したる至言である。ああ武士道の精神、すなわち節義廉恥の心、すなわち利を思わずして義につき、義に勇んで従容死につく精神なくしては、国家はこれを維持することが出来ないのである。

四　武士道の話

菊池　寛

「武士道とは死ぬことと見つけたり」これが武士道の根本である。主人に忠誠をいたすことはもとより結構なことであるが、それは小義または中義の武士道であって、大義の武士道でないことを説いたものである。菊池寛氏は現代有数の文学者である。ここに採録したものは、ラジオ放送によるものであるが、すぐる漢口攻略戦（昭和十三年十月）に従事した氏は、艦上の兵士にこれとほぼ同様の講演をして、非常な感激を与えたと言われている。

一　日本武士道の特色

日本の武士道の精神は、主君のために一命を捨てるということだ。これは、すなわち古代朝廷を守護し奉った物部氏《もののべし》の精神だ。「海行かば水漬《みづ》くかばね、山行かば草むすかばね、大君のへにこそ死なめ、のどには死なじ」の精神である。

古代のもののふは、かくのごとく朝廷に忠節を尽くした。ところが中古平安期になってから、武事専門の武士なる階級を生じ、彼等は朝廷の直轄を離れ、武家の棟梁たる源平二氏に属するに至った。それが鎌倉幕府に至って、武士はいよいよ武家の私兵のごとき観を呈した。そして悲しくも、朝廷に対する忠節を忘れ、各自が仕える主君に対して、忠勤を励むようになった。このはなはだしきに至っては、承久の乱のごとく、朝廷に対して弓を引くものさえ生じた。彼等の多くは、大義を忘れていた。しかし、各自の主君に対しては、常に自己および愛児などの生命を捧げることを辞さなかった。かくのごとく日本の中古および近古の武士道は、方向の違った武士道である。大義を忘れた中義もしくは小義の武士道である。

この間にあって、大義の武士道を発揮したものは、朝廷方の楠*、新田*、菊池*などの忠臣達と、維新勤王の志士達だけである。かくのごとく、武士道は、その方向を誤っていたが、その各自の主君に尽くす忠義に至っては、熾烈を極めていた。彼等の多くは、その主君のために、欣んで生命を捨てた。御馬前の討死ということは、彼等の本分であった。戦場で忠死した武士の数はあまりに多すぎる。軍記物語を読めば、いくらでも名前を挙げることが出来る。ことにその中で壮烈を極めているのは、戦場で主君に代わっての討死である。大塔宮の御命に代わった村上彦四郎義光、義経に代わって矢面に立った佐藤継信、三方原の敗軍に、家康を落として踏み止まって戦死した夏目長右衛門など、数えれば幾らもあるのであろう。こうした戦場での身代わりは、戦場を離れて平時にさえ現れている。

主君の非行を諫めての諫死、つまり織田信長に諫死した平手政秀のごとき、身代わり以上の忠節である。平時の諫言は、戦場の一番槍にも勝るといわれている所以である。平時における身代わりは、徳川時代の芝居を見てもわかる。先代萩の幼き千松は、幼君の代わりに毒死している し、寺子屋では、松王の子は、主君の生命に代わるべく欣んで首をさしのべている。源家の遠祖多田満仲は、その子美女丸が、度しがたき不良であったため、家臣兵庫頭仲光に殺せと命じた。すると仲光は、美女丸の身代わりに自分の愛子の首を刎《は》ねて、これを満仲に示し、美女丸は山寺にかくして置いて、改悛せしめた後、満仲に対面させたと伝えられている。ある場合には、自分の生命のみか、愛子の生命さえ、主君のために捧げて悔いないのである。

身代わりに比すべきものは、殉死である。これは戦場において、主君と死を共にする武士道が、日常生活化したものである。戦場で主君と死を共にする通り、平常でも主君と死を共にしようとしたのである。松島（宮城県）の瑞巌寺に詣でた人は、正宗に殉じた多くの家臣の木像が、安置されているのを見るであろう。

三代将軍家光が死んだ時にも、三、四の重臣が殉死している。堀田正盛は、私邸にいたが、将軍御他界の報を聞くと、その場で割腹したので、その立派な覚悟を推賞された。また内田重俊は、今夜殉死すべしとて、親族を呼び集め、酒宴を催し名残を惜しんだ上、一眠りしてから自殺するといい床を枕に熟睡したが、誰も起こすに忍びず、深夜に至って、自ら目覚め何時かと訊いた。子の刻を過ぎたと答えると、どうしてもっと早く起こしてくれぬかと不平をいいながら、肌押し脱ぎ、腹十文字にかき切って死んだ。その従容たる態度を、嘆賞せぬ人はなかった。このほか殉死禁止令が出るまで諸大名に殉死した武士は、数えきれないほどいただろう。

殉死などは、いささか極端に走ったきらいはあるが、やはり武士道に咲いた花といってもよいだろう。明治維新における白虎隊士の死なども、君国に殉じたものと云ってもよいだろう。会津では、戦闘員ばかりでなく、妻子眷属まで、一族の凡てが、落城に際して、自殺している例が、かなり多いのだ。

主君のために、何時でも一命を捨てる覚悟があったればこそ、戦場でも強かったのである。長篠籠城における鳥居強右衛門の忠死、天目山における勝頼の滅亡に殉じた小宮山内膳の忠節、家康のために伏見城を守った鳥居元忠、義経の吉野落ちに踏み止まって奮戦した佐藤忠信など、戦場の勇士は悉く忠臣である。勇気も、忠誠の志があって、初めて道徳的な値打ちがあるのである。忠義を離れた勇気は、道徳的な価値はないのである。

日本武士の勇気は、悉く忠誠の心から発しているのだ。忠と勇と、道徳的に繋がっているところに、日本武士道の精華があるのだ。臆病な忠臣などは絶対になく、不忠な勇士などが多く出なかったのが、日本武士道の特色である。

二　武士は命よりも名を惜しむ

武士道の根本的な要素は、前述した通り、忠義と勇気とであるが、それから起こって、自分が勇敢である、忠義であるという名誉を重んじる。したがって不忠卑怯の名を死よりも厭がる。すなわち武士たるの名誉を重んじるという風習を養った。武士というものは「命より名こそ惜しけれ」ということを、常に信じていた。

常山紀談*に、戦国時代に九州の士であった十七になる山本十郎というものが討死する時に、その辞世の歌に、

「命より名こそ惜しけれ武士の道に代《か》うべき道しなければ」

と歌っている。武士道ということが一番大切なことだ、だから武士であるという名前が命よりも惜しいという意味であるが、それ位、自分の忠勇の名、武士の名誉を惜しがっているのだ。

屋島の戦で義経が、弓を流し、馬上から一生懸命になって、その弓を拾い取った。家来が、

「そんな弓を惜しんで拾っているうちに敵から矢を射掛けられたら大事ではないか」

というと、義経は、

「いや、俺の弓も先祖の八幡太郎や鎮西八郎の弓のように強弓ならば、落としても平気だが、こんな弱い弓を敵に拾われて、義経の弓はこんな弓かと言われては、武将の恥辱だから」

と言っている。

一谷で敦盛が熊谷次郎直実に呼ばれて、何故引き返して来たかというと、熊谷に、

「きたなくも敵に後ろを見せ給うものかな」

と言われたためだ。それは卑怯にもあなたはお逃げになるのかということだ。それを言われたためだけで、わずか十六になる（今でいえば中学一年か二年かの）敦盛が引き返して来た。それは大変な勇気だ。岸の方には源氏の兵がいっぱいいる、味方は沖の船に乗っている。その時にたった十六歳の敦盛が単騎引き返して来た勇気は、一谷の合戦で勇名を馳せている如何《いか》なる勇士にも劣らないくらいの立派な勇気だと私は思っている。それは武士の名を重んじたためだ。熊谷が敦盛を中々討てなかったというのは、武士の名を惜しんでいる相手の健気さに心を打たれたためではないか。

楠正成の第三子楠正儀が、足利方から攻められて河内の国の飯盛城を落とされた時に、京都方の重臣細川頼之が正儀の所に使いを遣わして、

「あなたに五カ国を進ずるから、将軍家の方に来ないか」

と言った。その時に正儀が、

「わずか五カ国のために、万代の恥を求めよというか」

と言って決然として断った。これをみても、武士が自分の現世における名誉ばかりでなく、未来にわたる自分の名誉を、武名を惜しんだことがはっきりと判ると思うのである。

名誉と同じに武士が大事にするのは節義である。何時までも志を変えないという気持ち、これはまた、武士道の立派な特長の一つである。どういう時代が来ても、たとえ自分の仕えている主君がどんなに落ちぶれても、亡んでも志を変えないというところが、武士道の立派な特長の一つであると思う。赤穂義士が敵討《かたきうち》をしたために、今もなおあらゆる人々の称賛をかっているということは、あの時に浅野家が亡んでいたからである。長矩という人は切腹しても、浅野一家が亡んでいなかったならば、今ほど称賛を得たかどうか、主家が亡んでしまっているのに、なお志を変えないというところに、世人が赤穂義士の誠忠を更により深く認めたのではないかと思う。

室鳩巣が「駿台雑話」の中に、古来の義士の中で節義を変えなかった立派な武士として四人ばかりを挙げている。

源三位頼政の家来に、渡辺競という人がいた。この競は、渡辺党の一字名を付けている通り、渡辺綱とか渡辺渡とかと同じく、源氏累代の郎党である。源三位頼政が高倉宮の命を受けて平家追討の兵を起こし、京都を去って三井寺に陣した。ところが、その時にどういう手違いであったか、渡辺競の所には通知が来なかった。この通知が漏れたという噂が平家に伝わると、競が非常に立派な士だから、平生から自分の家来にしようと思っていた平宗盛が、競を六波羅に呼んだ。

宗盛は、良い馬を二頭と、鎧を与えて、

「源三位頼政がこんな大事を控えているのに、お前の所に通知をよこさないということは、お前が源三位頼政から、疎《うと》んじられている証拠ではないか、それよりか俺の所に来て家来になってくれ、そうしたら俺はお前を大事にしてやるから……」

と言った。ところが競は、

「さようでございますか、考えます」

と言って、馬と鎧を貰って家に帰った。家来たちの多くは、

「源三位の所へなんか行くな、それよりも平家に仕えた方がよいではないか」

というようなことを言ったが、競は、

「そんなことは武士のやるべきことではない」

と言って、宗盛から貰った鎧を着、貰った馬に乗って三井寺に行く途中に、宗盛の門の前に馬を止めて、

「競は、今あなたが下さった馬に乗って、三井寺に参る所でございます。あなたから大変な御贔屓を受けて有難いが、しかし源三位入道の恩は忘れ難く思いますから、これから参って一緒に

死ぬつもりでございます」

と叫んでから、三井寺に行ったという話である。これは、自分の主人が失敗をするに決まっている戦争を起こしている時に、平家からの誘惑を斥けて敢然として自分の主人の所に行ったという点で、非常に立派な振る舞いだと言えると思う。

それからもう一つは、頼朝が平家に捕えられた時に、平家の侍弥兵衛宗清が、頼朝を非常に可愛がった。宗清は平頼盛の家来で、頼盛が頼朝を捕えて宗清に預けたのである。すると宗清が頼朝の監督者として非常に頼朝を可愛がってくれた。だから、頼朝が兵を挙げて平家を西海に落としてしまった時に、頼朝は自分が昔助けて貰った頼盛だけは、

「どうぞ京都に止まっていてくれ」

と言った。京都にいても差し支えないというのだから、頼盛だけは平家の一族を裏切って京都にいた。しばらくして頼朝が頼盛に、

「どうか鎌倉に来ないか、鎌倉に来る時には弥兵衛宗清も一緒に伴れて来てくれ、昔自分が捕まった時、大事にされた恩返しのために出来るだけのことをしたいから」

と言った。それで頼盛が宗清に一緒に行こうと誘った。ところが宗清は、

「それは頼朝が自分に昔の恩を返してくれるためであろうと思うが、しかし、今、平家の一門は西海に苦労している、それなのに私だけが鎌倉に行ったら、西海に困っている連中は何と思うだろうか。頼朝の志は嬉しいが、平家の一族を裏切りたくないから、鎌倉に行くのはよします。病気だといって断って下さい」

といって、鎌倉へ行くことを斥けたというのであるが、これも時勢の栄枯盛衰によって志を変えない立派な話だと思う。

それからもう一人は、甲斐の小宮山内膳だ。この小宮山内膳は、まだ勝頼が盛んな時に、自分の友達の小山田彦三郎という人と喧嘩した。ところが小山田彦三郎は勝頼の非常なお気に入りなものだから、内膳は閉門を仰せつかった。そうして数年の間、籠っていた。ところがそのうちに武田の家運が衰え、織田信忠が甲州へ攻め入ったために、勝頼は天目山へ逃げ、さしも強大を誇った武田の軍勢がわずかに四十騎となった。ところが小宮山内膳は、主人からしりぞけられて蟄《ちっ》居《きょ》していたのだが、勝頼の悲運を聞くと、勝頼の後を追って行った。そして、残っている侍臣に、

「自分は主人から役に立たない人間だといってしりぞけられたのに、御主人の最後の場所に来

合わせては、御主人の御眼鏡を傷つけることになるから遠慮したいが、しかし武人として主人の最後に駆けつけないというようなことになれば、それは武士として大変な恥辱になるから、たとえ御主人のお眼鏡を傷つけたことになっても、私は御主人のお供をしたい」

と言って、勝頼にしたがって天目山で討死をした。

室鳩巣は、もう一人、伊藤祐清を加えているが、いずれも武士が栄枯盛衰によって志を変えない節操を示して充分だ。大坂の陣のとき、後藤又兵衛の所に徳川家康の使いが来て、

「君に播磨一国を進ずるから此方へ来てくれ」

と言った。その時に後藤又兵衛が、

「大坂の御運が盛んであるならば自分は考えたかも知れぬ、しかし、今大坂は御運が衰えて落城ということが決まっているときに、自分は大坂方を捨ててあなたの方へつくことは武士として出来ない」

とはっきり断った。後藤又兵衛が、後代に人気のあるのも当然である。

加藤清正の家来に、木村又蔵という人がいた。この人は清正の芝居にもよく出て来る有名な家来であるが、秀吉が、

「自分の子供の家来にしたいから木村又蔵をくれ」

と清正に望んだ。清正が木村を呼んで話したが承知しない。これは敵の家来になるわけではない、自分の主君と同じく、自分の主筋に当たる人の家来になるのだから、たいていの士ならば承諾したであろうが、木村又蔵は、

「清正の許を去りたくない」

と言った。それで清正が二、三度勧めたところ、進退きわまって木村は、切腹して死んでしまった。武士気質の潔白なところを現していると思う。こうした武士のやり方の正しさ、自分の行動の正しさ、ということを何よりも尊んだところから、こういう風になったのだろうと思う。少しでも不義であるとか、卑怯であるとか、そういうような譏《そし》りを取りたくないという所から、こういう立派な武士道の逸話が現れてきたのではないかと私は考える。

三　武士の心掛け

武士は非常に名誉を重んじる。それから正しいことをやる。義理堅い。かりにも間違ったこと

をやらないということが、武士の心掛けの大切なものとなった。この意識が凝り固まって出来たのが、戦国から徳川時代の武士気質だと思う。

武士気質というのは武士道がもっと生活化したものだ。この武士気質のよく出た武士の生活を、誰が一番文芸の上で書き現しているかというと、それは井原西鶴*である。西鶴の「武家義理物語」の中に、武士は冗談にも人を馬鹿にするようなことを言ってはいけないということがある。二人の西国の武士が江戸から帰るときに、岡崎で一緒に風呂に入った。ところが一人の武士の腰のところに傷があった。その時、連れの武士が冗談まじりに、

「その傷は逃げ傷か」

と言った。逃げたなどとは、武士に対する最高の恥辱だ。傷のある士はかっとして、もう直ぐその場で討ち果たすつもりであったのだが、

「これは逃げ傷ではない、お殿様のお供で狩場に行った時の傷である」

と言っても、口先だけでは証拠がないのだ。国へ帰ってから、療治をした時の医者を証人に呼んで狩場の傷であることを知らせてから、討ち果たすつもりになった。それで道中は無事に、二人は京都から淀の川船に乗って帰ることになったが、傷のある士は、帰るまでは普通の顔をしてい

るつもりであった。ところが船の中で乗り合せた人達と酒宴になって、相手の武士が、傷のある武士にお酒をうんと勧めた。傷のある士は余り飲めないものだから、

「もう俺はたくさんだ」

というと、その武士が、

「また逃げるのか」

と言った。岡崎の宿屋で逃げ傷だと言った上に、また伏見の川の上で、

「また逃げるのか」

と言ったのだ。国に帰るまで辛抱しようと思っていたのだが、もう堪忍は出来ぬと、船の中で果たし合いになろうとする。ところが逃げ傷かと言った男の刀が見えなくなっている。これは盗まれていたということが後でわかるのだが、それで逃げ傷だと言われて怒った士の方が立ち上がらない。

「刀がなければ刀の見つかるまで待とう」

と、言うのだ。これがまた武士道で、刀のない武士は打ちたくないのだ。これが武士道が実際化した武士気質といってもよいのだ。それから、武士が義理を重んじたということは次の話でわか

る。

それは西国のある藩の若殿様が江戸へ行くときに、家来が多くお供をした。その時にある武士が親友から十六になる丹三郎という子供を、

「どうか君に一つ道中よろしく頼む」

と言われて頼まれた。それで友達の子供と自分の子供をつれて若殿様のお供をするのだが、大井川にさしかかったところ、水がいっぱいで川止めになっている。その時増水しているにかかわらず、気短かな若殿様はドンドン渡ってしまう。仕方なく家来たちも続いて渡る。丹三郎という子供も川を渡り陸へ着こうという間際に馬が横倒しになり、川の中に落ちて行方知れずになってしまった。ところが、丹三郎を預かった武士の子息は、無事に向こうの川岸に着いた。その武士は子息に、

「友達の大切な子供を預かって死なせてしまって、お前だけを故郷につれて帰ったのでは、武士としてのこの父の顔が立たない、お前には可哀想だけれども、お前もこの川で死んでくれ」

と言った。その子供もやはり武士の子だから、

「承知しました」

と言って、無事に渡った子供までが、大井川の川波に身を投じて死んだ。この時丹三郎の方には男の子供が四、五人いたが、この武士には男の子はたった一人であった。しかし武士の義理には代えがたい、頼まれた人の子供を殺した上は、自分の子供も殺して、その責任を果たすということが、戦国時代に近い武士気質であったのだ。

四　死ぬ覚悟

この武士気質は武士道の変化であるが、元へ帰って、武士道の最も根本的な所は何かというと「葉隠」という本に、その要点が書かれていると思う。これは肥前の鍋島藩士の書いた本で、肥前論語とか鍋島論語とかいわれている。この本も非常に頁数が多く、いろいろ実例が多いのであるが、武士道の精華を説いたところは僅かしかない。その肝心なところは何処かというと、こういう文句がある。

「武士道ということは、すなわち死ぬことと見つけたり」

というのである。つまり、武士道ということは死ぬことだ、これは非常にもう簡単明瞭である。

およそ武士がある難儀に際して生きたほうがよいか死んだ方がよいかという場合は、死ぬ方に片付けるばかりだというのだ。そういう時には早く死んだ方がよい。別に思案する必要はない。腹を据えて死ぬ方に進んだがよいというのである。死んだ方が間違っていた、生きていた方がよろしかったということが後で分かって、犬死などと人にいわれはしないか、そういうことを心配するのは、上方風の上滑りのした武士道だというのだ。その時にはたとえ犬死でも死んだ方がよいという。死ぬか生きるか、どちらが正しいかというような事を判断するのはなかなか出来ない。我人共に斉しく生きる方が、万々好むところであるから、誰でも生きる方に思案が片づき易いのだ。もし、生きた方が間違っていたとすれば、腰抜けだとて世の物笑いとなる。後で、あの人はご主人が討死したのに、どうして生きて逃げたかといわれると腰抜けということになる。若殿様がいるのだから、若殿様のために生きたというような理屈は立つのだが、しかし城に帰って行って若殿様も死んでいたということになると、これは腰抜けということになる。すなわち死に外れをすると腰抜けとして物笑いになるのだ。死んで犬死、狂人といわれても、腰抜けといわれるのに較べればましだ。死に損なったら狂人だ。犬死だといわれるかも知れないが、しかし生き損なって腰抜けといわれるよりは遥かによい、武士として恥辱にはならず、これが武士において最も大切なことだというのだ。

毎朝毎夕あらためて死ぬと、始終死身になっている時は、武道に自由を得ることが出来る。だから毎朝死ぬという覚悟をしろ、大悟一番、死んだと思えば、かえって武道に自由を得、一生落度なく自分の職業を果たすことが出来る、と説いてある。これが葉隠の根本的な肝腎なところだと私は思う。それから他の頁では、死ぬ覚悟のことをいっている。必死の観念一日仕切なるべし、必ず死ぬという観念を一日中、しておれというのだ。毎朝、弓鉄砲にて撃たれ、太刀にてずたずたに斬られ、雷電に襲われ、大地震に捲き込まれ、病気頓死など、死傷の心を観念し、朝ごとに覚悟をしておくべしというのだ。故老の言葉に、

「軒を出ずれば死人の中、門を出ずれば敵を見る」

とあり、こう心得ろということであるが、これは死なないように用心しろということではない。敵がたくさんいる、また死人の中にいるのと同じに死んだつもりになれ、死んだと覚悟していろというのだと説いている。

いろいろの武士道の教訓を説いた本の中で「葉隠」が一番、直截明快な、武士道の論説だと私は思う。毎朝毎夕死んだと思え、こういう気持ちは、禅宗の大悟一番、生死を超越しているとい

うような気持ちとよく似ている。日本の武士道が禅の影響を受けているというのは、その点であると思う。

武術の方の奥義もここにあって、ある時、柳生但馬守のところへ一人の武士が来て、

「武術の稽古をさせてくれ」

といった。柳生但馬守が面会して、

「あなたは武術の稽古をやったことがあるだろう」

といった。

「いや、やりません」

「弓か槍か何かやったのでないか」

と重ねて訊くが、

「やりません」

という。但馬守が不思議に思って、

「何か稽古しただろう」

と更に訊ねたところが、

「私は武士というものは死ぬ覚悟が大切だと考え、六、七年前から自分は死ぬ死ぬ、死んだものだという気持ちになる稽古をした。稽古といえば、それだ」

と答えた。ところが、柳生但馬守は会心の笑みをもらして、

「武術の奥義もそれだ、何時も死んだと思っていることだ、あなたにその覚悟がついていれば、もう剣術を教える必要はない」

といって、直ちに免状を呉れたという。

宮本武蔵が熊本の細川侯に仕えた時に、細川侯が、

「いま玄関や広間でたくさんの家来を見ただろうが、俺の家来の中で武士として偉い男がいたか」

というと、宮本武蔵が、

「玄関に一人いました」

と答え、

「その男はどの男か」

といったら、武蔵が自ら立ってその男を連れて来た。見るとその男は都甲太兵衛という男だ。

「どうしてこの男が立派な士か」

といったところが、

「どうかその男に、御自身お訊きください」

といった。細川侯が訊くと、太兵衛がやっと返事をしたのが、

「私は別に何の稽古もいたしませんが、何時も死ぬ覚悟をしている、だから何時も据物（刀の試斬りにする囚人を据物という）になったつもりでいる。もう何時でも殺される覚悟をしている、はじめ据物になったと思った時の気持ちは、随分《ずいぶん》怖い気持ちでありましたが、もうこの頃は慣れて、怖くは思いません」

といった。宮本武蔵が、

「あれが武道の覚悟でございます」

と横から説明した。この太兵衛が江戸城の普請の時に、熊本藩の失策の責任を背負って幕府の役人の拷問に最後まで持ちこたえた話は有名である。

空閑《くが》昇《のぼる》少佐が、この前の上海事変（一九三二年）の時に自決をされたが、あの時も生きる方にも死ぬ方にも理屈がついたのだ。人事不省で敵手に落ちたのだから、別に恥ずかしいことはない

のだが、たとえ人事不省でも敵手に落ちたということは、軍人として恥辱だと思って自決された。これは葉隠の中に思案が二つあったら死ぬ方に片付けろとあるが、空閑少佐は、それを立派に実行されたのではないかと思う。

日本の古来の武士道は立派だが、情けないかな七百年というものは、武士道はその方向を誤っていたのだ。朝廷というものを忘れていたのである。自分の直接の主君の上に大君というものが、あらせられるということを忘れていたのだ。そういう点で、古来の武士道は立派だが、やはり大義とはいえなかった。武士道の義理は義理としてなかなか美しいが、あれは中義である。もしくは、小義である。大義武士道というのは、皇室に対して純粋な武士道精神を発揮することだと思うのだが、これを発揮したのは南朝の忠臣達と勤王志士だけではないかと思う。本当の日本精神というものは、大義武士道でなければならないのだ。久しく誤っていた武士道を是正したのは、維新の勤王の志士達である。現在のような時代には、勤王の志士の行動が、もっと顕彰せられ、もっと考究されなければならないのだと私は思う。

海行かば水づく屍、山行かば草むす屍、

大君のへにこそ死なめ、のどには死なじ

この精神、武士という言葉は物部《もののべ》から来たのであるが、古代の大君に尽くした武夫の精神が、維新の時に復活して、それが現代の軍隊に伝わっているのだ。そのために戦争や事変に強いのだと思うが、このごろ盛んにいわれる日本精神の振作という言葉は、私は日本武士道の大義的鼓吹でなければならないと思っている。

楠氏＝楠木とも書く。河内の豪族で橘氏の一支流。忠臣の一門として正成、その子正行などことに有名である。

新田氏＝清和源氏の一流、足利氏と並び称せられる。源義家―義国―義重となり、義重の裔は新田氏で上野国新田郡におこる。新田義貞は義家から十世孫に当たる。

菊池氏＝藤原氏の一支流、肥後の名家。源平の戦には平家に属し、承久、建武には王事に勤めて名高い。武事最も著れ、その十五人の子は皆、勤王の士であった。熊本県の菊池神社に祀られる。

常山紀談＝湯浅常山の著、十五巻、永禄、元亀、天正頃から徳川治世の初めに至る五、六十年間の武士の話を収めてある本。

井原西鶴＝江戸時代の代表的文豪である。その小説は遺作をもあわせて二十。武士の生活を描いた作品として、武家義理物語がある。大坂に住した。元禄六年没す。年五十二。

五　山鹿素行の武士道

文学博士　清原　貞雄

山鹿素行は江戸時代の兵学家であるが、同時に事実として実践されてきた武士道を一つの教義として説いた先駆者と言われる。それは儒教の教える道徳と結びつけて説いたのであって、鎌倉時代の武士道が仏教ことに禅と深い関係があるのに対して、ここに儒教と結びついた武士道が起こったとも言えるのである。清原貞雄氏は、広島文理科大学教授で文学博士であるが、武士道史十講の名著があり、武士という特殊な社会に生まれた道徳として武士道をみている人である。本篇は思想的先覚者としての山鹿素行なる一文によるが、よくこの点を説いて余すところなく、儒教と結びついた跡も明瞭に知られると思う。

一　中世武士道の精神

武士道そのものの起原は建国の昔にあり、中世武家時代にさらにこれが皇張せられ躍進的に発達したのであるが、それらの武士道は情操の上に基礎を置く所の実行道徳であって、理論的根拠はほとんど立てられていなかった。それが理論的根拠を得て一種の教義としての武士道が完成するためには、徳川時代に入って儒教と結びつくことが必要であった。すなわち単なる実行道徳としての武士道と、道徳理論であるところの儒教とが結合し調和することによって、ここに教義としての武士道が発達したのであって、素行はこの問題において先鞭をつけ、言わば開祖の如き地位にいるものである。

わが建国の当初において、すでに武徳を尚《とうと》ぶの精神が存したことは疑うべからざる事実である。比較的少数の天孫民族を中心として、他の種々の異民族を統制して国を樹《た》てた関係上、時に武を用いることを要する場合も少なくなかったであろう。実際に武を用いないまでも、他の異民族を抑えるだけの実力を有していない限りは、決して国内の秩序を保ち、平和を維持して行くことは出来ないわけである。ギリシャの歴史においてスパルタが軍国主義をもって国是としたのも同じ理由であり、帝政時代におけるローマの国にも同じ傾向を見たのである。わが三種の神器の中に宝剣があるということも、単に上代人の愛玩したものを選んで伝位の信標としたというわけでもあるまい。支那において伝国の璽《しるし》として鼎が選ばれていることが、民の食を豊かならしむるをもって王者たるものの天職とすることを意味していると同じく、わが三種の神器は、すでに昔の学者なども論じているように、それぞれある道徳の表象せられたものであろうと思う。しかる時は剣は確かに武勇の徳を表しているのであって、建国の当初すでに武徳を尚んだ一つの証拠であると言えるのであろう。

わが上代の制度においてはもちろん兵と農とは未だ分かれておらず、一旦事ある際には農民の中の、それに堪えうるものが弓矢を執って起こったものであるが、それらを率いて征戦に従事する武将の家というものは定まっていたのであって、大伴《おおとも》、物部《もののべ》、少し降っては佐伯などの諸氏は、すなわち兵戦の事をもって代々朝廷に事《つか》えたものである。これら武将の家は、祖先以来伝わるところの一種の精神を誇りとしてもっており、その精神を失墜しないように極力つくしたものである（聖武天皇が大伴佐伯の両氏に賜った勅詔や、大伴家持の歌などを指している）。これ実にわが上代の武人精神であって、後世の武士道に相当するものである。中世以後に発達したところの武士道ももとより上代国民のもっていた武士精神と共通する所を多くもっているのであるが、中世に発達した武士道は、奈良朝時代まで武将の家に伝わったところの武人精神から直接系統を引いているものではない。

大化改新によって打ち立てられたところの郡県の制度が何時しか次第に崩壊して、平安朝時代の中頃から中世封建制度の傾向がまず地方に兆して、それがのちに中央政界の勢力を得るようになったのが、中世武家時代の出現である。封建制度の基礎は地方の大地主、その当時のいわゆる「住人」と、それに養われている家の子郎党との間の主従関係にあるのであるが、その主従の間に醸されたところの一種の情誼《じょうぎ》、すなわち主君は家人を愛護し、家人は主君を頼み、これに仕え、身をもってこれを守護するところの、その君臣の間の情誼こそ、実に中世武士道の基礎であったのである。この中世武士道の実質、奈良朝時代の武将の家に伝わる武人精神、大伴家持が中外に誇示したところの精神と根本においては少しも変わりは無いのである。

大伴家持の歌によって奈良時代の武人精神が代表されたように、中世とくに鎌倉時代の武士道精神を代弁しているともいうべきものに、源頼朝が近江の佐々木定綱に与えた手紙と称するものがある。これは定綱の子定重が叡山の僧兵と喧嘩して叡山の訴により壱岐に流された時に、その一族子弟を戒むる目的をもって、頼朝が定重の父定綱に与えたものである。これは中世武士道の真髄がよく現れている。最初に定重が少し短気であるのでかねてから心配していたところが果たしてこの事があった。まだ後に子供も多くあることであるから、今後再びこのような事のないようにと思う老婆心からこの手紙を認める、という前置の後に、

「武士という者は、僧などの仏の戒を守るが如くに有るが本にて有るべき也、大方の世の固めにて、帝王を護り参らする器《うつわもの》也、また当時は鎌倉殿の御支配にて国土を守護し参らする事にてあれば、錐を立つる程の所をしらんも、一、二百町を持ても志はいずれもひとしくて、その酬に命を参らする身ぞかし、私の物にはあらずと思うべし、さるについては身を重くし心を長くしてあだ疎かにふるまわず、小敵なれども侮る心なくして物さわがしからず、計らいたばかりをするが能事にて有るぞ」

と述べてある。僧侶が修行中に最も緊張した心持ちをもって身を持すると同じような心持ちをもって身を持し、天子、国家の守護者をもって任じ、たとえ聊《いささ》かなりとも受けた恩に対しては生命をかけてもこれに報いん事を念とし、隠忍自尊、苟も軽率なる振る舞いをなさず大敵を恐れず、

小敵を侮らず、常に熟慮を旨とするのが武士の心得であるというのである。

なおこのほかに、恥を知る心、名誉を挙げんことを思う心、武勇を尚ぶ心、礼儀を尚ぶ心、犠牲精神、生死を超越する心、これらはいずれも中世武士道の精神として挙ぐべきものであるが、これらに一貫している最も重要なる特色は実行道徳であるということである。沈黙寡言と勇敢果断とは中世武士の尚ぶところであった。不言実行を旨とする。心にもない事を口外し、あるいは饒舌を弄し、大言壮語して事実がこれに伴わないというような事は、中世武士の最も卑しむ所であった。故に中世の武士道には教義というものは立てられていないのである。もちろん武士道を奨励するということは鎌倉時代においても行われている。あるいは富士の裾野や那須野ヵ原において、狩を催して武を練るとか、将軍の前において角力を試みしめ、もしこれを回避するものがあれば出仕を止めるというようなことも行われている。まだ戦国時代の武将などは、その家人《けにん》のために掟書*なるものを制定して武士精神を鼓舞している。これらの中には中世武士道の精神を示しているることはもちろんであるが、しかし主として家人に対して武士として生活する実行上の心懸けを示したものであって、組織立った教義とか理論的根拠を示した信条とかいうようなものでは無いのである。

戦国時代の掟書＝今川了俊の制詞、武田信玄の信玄家法、長曾我部元親の百ヵ条、朝倉敏景の十七箇条、北条早雲の早雲寺殿廿一箇条、大内家の壁書、伊達政宗の塵芥記、黒田長政掟書、加藤清正掟書、豊臣秀吉の大坂城壁書。

二　武士道教義の創唱者――山鹿素行

しかるに徳川時代になると、ここにいわゆる武士道教義が発達して来た。単なる実行道徳としての武士道のほかに、教義としての武士道が勃興して来たのである。教義としての武士道が発達したということは、一面において武士道の発達であり円熟であり完成であるが、また他面においては武士道の形成化であり、実践という点から見て武士道の堕落であるとも見られる。そもそもわが国の武士道は、戦争をもって主なる任としていた戦乱の時代に、その戦争に従事している武士の間に発達した所の君臣の情誼である。言わば戦争を母体として生まれたものである。しかるに永い間の戦乱も織田豊臣二氏の撥乱《はつらん》の功と、徳川氏の守成の功とによって全く終焉を告げることになり、ここにわが国の歴史上いまだかつて前例のない平和の時代が来たのである。

明けても暮れても戦争という時代の特殊の事情が産んだ所の特殊の産物たる武士道が、その母体たる戦争の無くなった徳川時代にはいかになり行くべき運命をもっているのであるか。当たり前ならば武士道は亡びて終わりはないまでも、次第に衰えるべき運命をもっているのである。しかるに武士の棟梁たるものが政権を掌握するに及んでは、武士も単に戦争に従事するばかりでなく、棟梁を助けて政治の一端に関与することになり、単なる武士としてでなく、一つの治者の階級として平時においても、極めて重要なる任務を有するものになったのである。この傾向は鎌倉時代において既に現れ、室町時代、戦国時代と通じて徳川時代まで持ち越してきたわけである。最初から頼朝を深く崇拝し、その政治を模範とし理想とし、頼朝の覇業を詳細に伝えた「東鑑」*を愛読書としていた徳川家康は、自分が頼朝と同じく武家の出身であることと、一旦招き致すことの出来た平和も、何時《いつ》なんどき敗れて再び戦乱の世に返るか分からないという形勢にあったことと、この二つの理由によってどこまでも武家としての本領、三河以来の武士としての特色を失わないようにするために苦心したのである。すなわち家康が幕府を樹つるに当たっては、社会組織も政治組織もすべて武士を中心とする武断的軍国主義を基礎としたのである。

いわゆる士農工商の四階級を立てて、その中で士すなわち武士が主なるものであって、他の三つの階級はただ武士を養うために存在するものという見解の下に、すべての制度を立てたのである。そこで徳川氏は武士に対しては、他の階級にあっては見られない所の、特別の修養を要求したのである。それは文武の道を嗜《たしな》み、忠孝を励み、すべて他の階級の模範となることである。慶長二十年に二代将軍秀忠が諸大名に与えた武家諸法度および諸士法度をはじめとして、将軍の代替わりごとに発した法度には、必ず武士の修養について訓戒しているのである。すなわち徳川氏は武士に対しては武士以外のものとは全く違った修養に努め、それによって武士としての品格、農工商には見ることの出来ない所の品格を保たしめ、一つは他の階級の尊敬を克ち得るようにし、一つはその実力によって他の階級の上にあって、これを抑えることが出来るようにしたのである。この幕府の根本方針は地方の諸大名もこれを体し、その藩内の武士に対しては出来るだけ教養を作ることに努力している。これが戦争というような武士および武士道の母体がすでに無くなった徳川時代において、依然として武士の階級ならびに武士の特殊精神が存続した理由の一つである。

しかしながら徳川時代の武士道が、ある意味において中世のそれよりもますます発達し完成したと認められる所以《ゆえん》は、儒教が勃興した結果、中世的の実践道徳たる武士道と儒教とが結びついたのである。中世における武士道はすでにしばしば述べたように、実際生活の自然的産物であり、理屈でなくして実行であったために、その実行的気魄に至っては到底平和時代の武士の企ておよばざる所があったのであるが、これを思想として、または理論として見る時は、どうしても後世の発達した道徳的批判の光に照らして、そこに幾多の不完全な点があることは免れなかった。ことに儒教が盛んになって道徳的批判が行われるようになると、中世の武士道そのままではとうてい満足することは出来ない。どうしてもなお一層完全な理論的基礎の確かな武士道的教養を要求するようになるのは、全く自然の成行きであると言わなければならぬ。これ徳川時代に儒教を基礎とした所の武士道教養の発達した所以《ゆえん》である。要するに中世的武士精神を維持し、さらにこれに儒教道徳の色彩を加えたのが徳川時代の武士道である。かくして武士道は儒教と結びつくことによって思想的に一大発達を遂げたのであるが、その儒教との結合はここにいう所の教義としての武士道を仲介としているのであって、その教義としての武士道唱道の先駆をなしているのが、わが山鹿素行である。

武士道教義の創唱者としての山鹿素行を考えるに際しては、是非とも中江藤樹*を一応考えてみなければならぬ。中江藤樹は慶長十三年に生まれた人で素行よりは十五年の先輩であるが、素行が武士道を説く前に「文武問答」一巻を著して文武一徳論を説いている。元来文武は一徳であって別々のものと考えるべきものではなく、文を伴わざる武は真の武でなく、文は武の根本であり、武は文の基礎である。まさに持ちつ持たれつして、その用を完うするものである。天下国家をよく治めて五倫の道を完うするのが文道であり、無道にして文道を妨ぐるものがある時に、刑罰をもって懲戒しあるいは軍を起こして征伐し、天下一統の治をなすのが武の道である。これが文武一徳論の要点である。

いったいに武士道はただ実行の道として儒教の道徳論などとは全く別の道を辿っており、儒教の方では王道覇道の別を立てて専ら文治を説くのみで、武力を用いることは覇道なりとして卑しむ風があったので、武の道についてはこれを推称していない。かく文武が別々の道を進んでいる間は教義的武士道は成立し得ないのであって、教義的武士道が成立するためには、その前提として文武両道が合同しなければならぬ。その文武合同論の首唱者であるという意味において、中江藤樹をもって教義的武士道の先駆者であると見る事が出来ないわけではないが、ただ武士たるものは単に武に偏っては不可であるから文をも併せ学ばなければならぬと説いただけでは、なお教義的武士道を立てたものと見ることは無理であろう。故に教義的武士道の創唱者としては素行を推さなければならぬ。けだし純粋の儒学者はどうしても文を主として、武を従とする傾向あることを免れないのであって、そこへ行くと一方儒学者であると同時に、兵法学者として深く研究を遂げていった素行には、この偏《かたより》はないわけであるから、素行が真の意味における武士道教義の創立者として、最も完全なる資格を有していたわけである。また素行は一般の儒学者と違って強い日本主義的な精神をもっていたため、日本特有の精神である武士道精神を尊重することも厚かったわけで、この点から言っても武士道教義の創唱者としてもっとも適任者であると言えるであろう。

東鑑＝吾妻鑑とも書かれる。鎌倉幕府の日記で、治承四年（一一八〇）より文永三年（一二六六）に至る八十七年間の記録である。
中江藤樹＝（一六〇八〜一六四八）近江聖人と言われた江戸時代初期の儒者である。著書多く人心に感化を及ぼしたこと頗《すこぶ》る多い。

三　「武教小学」の武士道論

素行の武士道に関する著述としては「士道」および「武教小学」がある。そのほか兵学に関する書、「武教全書」「武教総要」「武教要録」等にも武士道に関する意見が散見しているが、右の二書によって素行の武士道論は十分窺うことが出来る。

「武教小学」は明暦二年すなわち素行が三十七歳の時に公にしたものであって、後世もっとも多く読まれ、吉田松陰のごときは武士の学ぶべき第一の書であると言って推奨し、その松下村塾においてはこれを教科書として門人に講義したものである。「武教小学」は全体を、夙起夜寝《しゅくきやしん》、燕居《えんきょ》、言語応対、行住坐臥、衣食居、財宝器物、飲食色欲、放鷹《ほうよう》狩猟、与受、子孫教戒の十項に分けて、武士が日常生活において、また社交上守るべき心得を、主として実践道徳として説いたものである。素行が「武教小学」を著した精神については、これを公にした年に、その門人が附した序文によく著れている。すなわち武士たるものは一定の業なくして、しかも四民の上に立つのであるから、それだけ深い修養を必要とするということと、支那とわが国とは国が違っているのであるから、いたずらに支那の真似をしたのでは実用に立たないから、日本には日本としての教えが存すべきであるというのが、素行の「武教小学」を著した理由であって、朱子が小学を著した精神に則って「武教小学」を著したと言うのである。

夙起夜寝の条において、武士たるものは先ず夙《つと》に起きて身体を清め、威儀を整え、平旦《へいたん》の気を養い、君父の恩を体認し、今日の家業を思量し、身体髪膚《しんたいはっぷ》これを父母に受く毀傷《きしょう》せざるは孝の始めであり、身を立て道を行い名を後世に揚げて父母を顕わすは孝の終わりであることを観念しなければならぬ。そののちに家人に万端の指図をなし、客に接する。君に仕えるには速《すみやか》に出て事《つか》へ、父母に事うるには行いて安否を察する。出でて事うるには身分相応を守って僭越《せんえつ》にわたらず、長者に対してはこれを敬すること父母に対するがごとくし、謙遜して争わず、文をもって友と会《え》し、友をもって仁を輔《たす》け、益友あれば事を問い、信じて偽らず正義を守る。家に帰っては父母に謁してこれを怡《よろこ》ばし、閑あればその日一日の事を反省し、寝所に入って始めて休むのである。

燕居《えんきょ》とは閑暇無事《かんかぶじ》ということであるが、だいたい士たるものは先ず二十歳にもなれば出でて事《つか》えなければならぬ。事えても閑が多いとか、あるいは不幸にして君に事えず、あるいは父母が早く没し、あるいは遠く父母に離れて朝夕勤仕することが出来ず、燕居休暇のことが多ければ、その志怠りて家業を慎まず禽獣に類する。大学には小人閑居して罪をなすということがある。故に燕居の士にあっては特に自ら戒むる所がなければならぬ。先ず夙《つと》に起きて手洗い口そそぎ、座を出でて諸人に謁し、庭前に馬を見、馬に乗り、速に食し、あるいは剣術、弓射、鉄砲、鎚等をもって筋骨を練らなければならぬ。これらを久しく怠る時は手足が自由にならず、身軽からず、体馴れず、士の業を欠くに至る。これらの業を行ってなお暇があれば、書を披《ひら》いて武を論じ兵法を講じ武器を調べるがよい。士たるもの常にこのような志をもっていれば、その気専らにして外に散らない。したがって放僻邪侈《ほうへきじゃし》の意が発することは無い。

言語応対は読んで字のごとくである。およその士たるもの言語が正しくなければ行必ず猾《かっ》である。ことに柔弱の言、卑劣の語は最も慎まなければならぬ。戦法、軍装、武器、馬具の用語はそれぞれきまりがある。客に対する語、神社に対し朝廷に対し、それぞれきまりがある。言語軽々しく応待に間違った所があると威儀が正しくない。これは最も禍を招く媒《なかだち》である。武士たるものの常に口にすべきことは何であるかというに、義不義の論、古戦場の事、古今の勇義の行い、時代武義の盛衰であって、これらを論ずることによって今日の非を戒むべきである。あるいは他の非を嘲《あざけ》り、あるいは時の政《まつりごと》を誹《そし》り、あるいは遊興の楽を語り、あるいは好色のことをいう時は、心必ず蕩け行必ず溺れるものである。

行住坐臥も読んで字のごとくである。行くには経によらず、傍人を礙《さまた》げず、非礼をなさず、過言を慎み、門を出ずれば常に敵前にあるがごとく心を引き締めている。座には威儀を正し、必要なものは常に身に帯びて不慮の戒を忘れぬようにする。寝る時でも死人のように前後不覚に熟睡してはいけない。武器を傍《かたわ》らから離さず警戒を厳重にする。人に先んじて労をなすべきである。士たるもの行住坐臥、放心を最も戒めなければならぬ。放心すれば変に臨んで常を失する。一度失敗すれば一生の恪勤《かっきん》もたちまち無駄になってしまう。人の人たる所以《ゆえん》は礼儀があるからであって、礼儀のはじまりは容体を正し顔色をととのえ辞令を順にするにある。

次に衣食居である。粗衣粗食を恥じ住居の安きを求めるは志ある士とは言えない。衣食住それぞれ分がある。三者とも身分不相応であると費多く財竭きて武備を成すことが出来ない。さればと言って甚だしく不足であれば必ず吝嗇《りんしょく》になる。よくその節を守るものが武士たるものの暮し方である。居室のごときもこれを完備にする時は心をその方に取られてしまう。家室の広狭は必ず武に協《かな》うということを本位としなければならぬ。

次に財宝器物である。いったい財宝は乏者に得し貧者を救い賢者を招き、士を集むるためのものである。器物は今日の用を足すためのものである。士たる道は身を主君に奉り死を賭して道を全うするのである。もし財宝を吝《おし》み器物を翫《もてあそ》ぶ時は武器は自ら欠くるであろう。大節に臨んで家を忘れることが出来ない。家を思うのあまりに義を棄てて死を遁れ謗《そしり》を受け汚名を父祖におよぼす、かくのごときは実に人面獣身である。士としての楽《たのし》みが何所《どこ》にあるか。金銀財器の有り余る輩、あるいは国を失い家を滅ぼし、また身に易《ととの》えて財を積むの士は古今枚挙することが出来ないほどである。大いに戒めなければならぬ。

次に飲食欲である。これらは人間の止むに止まれぬ強い欲望である。飲食は身体を養い礼節を行わんがためであり、色欲は子孫を嗣《つ》ぐためである。しかし天性の欲望であるからといって、これを縦《ほしいまま》にすることは出来ない。人には皆自然の節制がある。ことに武士は三民の長であるから最も慎まなければならぬ。飲食その度に過ぐる時は病を生じ、あるいは礼を失って事を起こすか、しからざれば睡眠至り、事毎に怠りゆるがせになって本職とする所が滞る。色欲に不謹慎であれば家の中に種々の紛《もつ》れを生じ、かつ身体を害い何事も出来なくなる。これ武士たるものの大いに戒めなければならぬ所である。

次に放鷹《ほうよう》狩猟である。これは古《いにしえ》からの制法である。武士たるの道は険阻なる所の地勢、遠近、山川の形を知り、風俗、街歌、巷説などについてもこれを心に収めており、自ら水沢山林に入り、矢玉剣戟を使用し、手足を軽くし骨節を練り、士卒の材能を考え兵士の用い所をよく吟味しておくべきである。しかも士卒を使用するには必ず時を考えて農業の害をなさぬようにしなければならぬ。

次に与受である。およそ人に物を贈り人の贈物を受ける道は、君臣上下の義、朋友相接するの礼として、武士たるものの最も慎み守るべき所である。軍法に軍に財なければ士来たらず、軍に賞なければ士行かずということがある。財禄があってもこれを施さなければ士卒の来たり服するものなく、さればといって施し与えること、その分その分を越える時は財竭きて禄乏しくなる、それでは武備を整えることは出来ない。故に出納を計り度量を考えて施しも与えもする。これ実に武将たるものの法である。施与はただその量を計るのみではなお足りない。施与も道義によってするのでなければ義あるところの士が来ない。故に義士を使うには財をもってすべからず、犬や猫に投げてやるようなことをしては、乞食もこれを受けないということがある。この事は士を用いんとするものの大いに注意しなければならぬところである。人から物を受けるについても、やはり義を先とすることが必要である。義によるものであるならば、物の軽重にかかわらずこれを受けてもよい。一の義、一の道を欠くにおいてはいかなる重き禄も、否天下といえどもこれを受くべきものではない。およそ君に事《つか》えている武士が俸禄の外に施与を受けようとするものは、分に超え量に過ぐる輩であって僥りの金を望むものか、しからざれば吝嗇《りんしょく》蓄積《ちくせき》もって家を富まそうと欲するものかである。かくのごときは両方共に理を外れたものである。施すにも受けるにも武士としては最も慎まなければならぬ所以《ゆえん》である。

最後に子孫教戒である。子孫に対する愛情は天道の自然であって血脈相続のなる所以である。わが身すでに没して嗣子放僻なるに至る時は則ち家絶え身滅びてしまうであろう。このことを考えて見ると恩愛の最も強き子孫に対しては、どうしても正しき教戒を垂れなければならぬ。武士としては大丈夫の精神がその勇である。しかれば恩愛の切なる子孫に対しては教えるに真の勇をもってしなければ、志士仁人ということは出来ないであろう。およそ人間の幼稚の間は、ただ天然自然の気を受けているだけであって心にまだ自主というものがない。しかるに習慣日に長じ月に益してついに善となり悪となるのである。武士たるものその子孫を教戒するには、その知を正し勇を養わしめ物事を信ぜしむる心を作らしめなければならぬ。故に知の発育する時に際して、よく邪正を考えて邪を戒め正を揚げ勇を養い、威《おど》すようなことをせず小さいことでも詐《あざむ》くことをなさず、戯れ遊ぶには必ず弓矢竹馬の礼をもってし、言語はみな武義礼懐の節をもってし、その精気を全くし情欲を寡《すくな》からしめ教えるには文学をもってする。しかも記誦に陥るとか詞章を玩《もてあそ》ぶとか、あるいは倭俗《わぞく》を忘れて支那の真似をすることのないように注意しなければならぬ。人の気稟にはいろいろの差がある。故に気稟を貴くするように習慣をつけなければならぬ。言語が一人前にわかるようになったならば、師を選び交友を考えて人品を下等ならしめないようにしなければならぬ。師弟の互いに接するには最も敬慕を旨としなければならぬ。武士としては兵法に関する書物などは、これを汚れた席に置かしめてはならぬ。これを開く時には手洗い口そそいで開かしめる。師を貴ぶことは父兄に対すると同様にしなければならぬ。武士として子孫を教戒するはただ男児ばかりではいけない。女子の教戒もまた甚だ慎まなければならぬ。教えるには正道をもってし、示すには武の本意をもってすれば、すなわち夫婦の道正しくして人倫の大道が明らかになるのである、として女子の教戒を示している。

以上は「武教小学」に見えた素行の説である。これは理論というよりはむしろ実践道徳として極めて深切丁寧に教示したものである。この中に文を学ぶことは大切であるが、学ぶ所に囚われて日本の風俗を忘れ支那の風にかぶれてはならぬと言っているのは注意すべきであって、後に素行が「中朝事実」を著すに至った伏線がここにあると見る事が出来るのである。

四　「士道」の武士としての修養

次には「士道」に見えた武士道論である。「士道」は「武教小学」とは違って深く武士道道徳の理論的根拠を求めたものであって、わが武士道と儒教との融和に対する素行の見解は、是非ともこの書によって見なければならぬ。士道はこれを立レ本、明二心術一、詳二威儀一、慎二日用一の四大項に分かち、更に細目に分けて論じているのである。このほかに附録として先生自警、先生子弟警戒、先生御僕警戒を添えてある。

まず武士として生活するには、その本を立てることが必要である。本を立てるためには武士としての職分を知らなければならぬ。天地の間に人間の存するや、あるいは耕して食を営み、あるいは器物を作り、あるいは互いに交易を行って天下の用を足らしむる。これ農工商は必要欠くべからざるものとして起こった所以《ゆえん》である。しかして武士は耕さずして喰い造らずして用い、売買せずして収入をもっている。これは一体どういうわけであるか。士として別に職分があるからである。職分なくして食用足るならばそれは遊民である。

天地の間、人間はもちろん鳥獣魚虫の類、草木のごとき非情に至るまで皆それぞれ営々として生計を立てているのである。しかれば士のみ職がないはずはないのであって、このことを反省せざる時は士としての志を立てることは到底出来ない。これを反省してこの職を知るのが本立つというものである。しからば士の職とは何であるか。その身を顧み主人を得て奉公の忠を尽くし朋輩に交って信を厚くし身の独りを慎んで義を専らにするのである。人としては父母兄弟夫婦があってその間にやむを得ざるいろいろの交渉がある。これは人として免れることの出来ない道ではあるが、農工商はその職業のために暇がないから、何時も何時もその道を尽くすことは出来ない。独り士は農工商の業も無いのであるから、専らこの道を力《つと》め、三民（農工商）の間に苟《いやし》も人倫を乱そうとする輩《やから》があるならば、速《すみやか》にこれを罰して天下に人倫を正す。これ士に文武の徳を必要とする所以である。故に外には剣戟弓馬の用を十分にし、内には君臣朋友父子兄弟夫婦の道を力めて、文道心に足り、武備外に調えて三民自ずからこれを師とし、これを貴んでその教えに従い、その本末を知る。ここにおいて士の道も立ち労せずして衣服していることに対しても心易いわけである。この務めがない限りは父母の恵みを望み主君の禄を貪《むさぼ》って、一生の間ただ盗賊の命を全うすると少しも変わりはない。かくして既にわが職分について十分に体認した以上は、次にはその職を力《つと》むる道が無ければならぬ。ここにおいて道というものに対する志が起こるべきである。武士たるものが身を修め君に事《つか》え父に孝行し兄弟夫婦朋友に相接して相和するためには、その道を尋ねなければならぬ。道を尋ね志が出来たならば先哲の跡に倣《なら》い師の教えを多くすると同時に、また内に省み自得するようにしなければならぬ。かくして私見を去り、大道を会得するのである。一旦その職を務むる道を知ることが出来た上は、これを実践躬行することを要する。

曾子の言に士不レ可三以不二弘毅《こうき》一、任重而道遠、仁以為二己任一、不二亦重一乎、死而後已、不二亦遠一乎ということがある。士はその器最も広く能く忍ぶ所あらずしては重きに堪え遠きを致すことは出来ない。たとえ職分を知り道を志しても勉めて志す所を行うにあらざれば口先ばかりでその実がない。たとえこれを行っても一生涯これを力め死して後已むでなければ中道で座することになる。故に勤行をもって士の勇とするのである。孔子が、君子は言に訥《とつ》にして行に敏ならんことを欲すとも、言うことは易くして行う事は難しとも言っているのはこれである。ところが勤め行うことは一通りの志では出来るものではない。極めて小さい習慣でもこれを改めようとすると余程の力を要する。ことに利害関係が伴い色欲に坊げられ名利の動きがあると、因循久しきにわたって改むることがますます困難になって来る。よほど大力量が無いと必ず引き落とされてしまう。その大力量を出そうと思えば志す所が深くなければならぬ。孟子は富貴不レ能レ淫、貧賤不レ能レ移、威武不レ能レ屈、此之謂二大丈夫一と言っている。富貴は人の大いに好むところであり、貧賤は人の大いに悪むところ、威武は人の大いに恐れるところであって、この間にあって少しも心を乱されないものでなければ大丈夫とは言えない。丈夫とはこの士の道に志し、且つその志す所を確かに行い勤めたもののことである。

次に第二項の心術を明らかにするとはどういうことであるか。まず気を養うことである。人の生まれつきにはいろいろある。もし生まれつきのままに捨てて置いて養うところがなければ、一方には明月白日《めいげつはくじつ》のごときところがあっても、他の一方に暗黒なところが出来る。故によいところはそのまま存して、暗黒なところを養い補って気禀《きひん》を作らなければ人の人たる所以《ゆえん》でない。かく気を養うことが出来れば至大至剛であって能く万物の上に伸び、物に屈するということは無くなるのである。しかして人の心は気に従うものであるから、気よく静かなる時は心も静かであり気動ずる時は心も動ずる。心は内に存し気は外に動ずるものであるから、まず気を養うのが修身存心の本《もと》である。

次に度量である。かの長江大河の洋々として無限に流れを容るかのごとく、また泰山（中国山東省にある五嶽の一、山の大なるをいう）が草木鳥獣を蔵するがごとく、その胸中に天下の万事を容れて自由ならしむるのがすなわち度量である。天空任二鳥飛一、海濶委二魚躍一、大丈夫不レ可レ無二此度量一というのは、この心をいうのである。その器かくのごとくに寛広でなければ力量もまた逞しくない。力量とは従容として万物を整え談笑して四海を循《したが》えるという風であることである。大丈夫たるもの生死の大事に臨み、白刃を踏み剣戟をほとばしらしめて剛操の節を現し、大事に臨んで大儀を決し、紳《しん》（大帯）を垂れ笏《しゃく》を正し声色に動かされず、天下を泰山の安きに措くというような文武の大用は度量があって始めて出来ることである。

次の志気とは、大丈夫の志すところの気節のことである。大丈夫たるもの小さい所に志を置けば、そのなす所その学ぶ所も至って小さく到底大なる器でない。後漢の趙温は大丈夫当二雄飛一といい、陳蕃《ちんばん》は大丈夫処レ世、当レ掃二除天下一安事二一室一といい、梁竦《りょうしょう》は大丈夫生当二封侯一死当二廟食一と言い、班超《はんちょう》は大丈夫立二功異域一以取二封侯一安能又事二筆硯間一と言った。これらはそれぞれその趣に弊があって、必ずしも格言とすることは出来ないが、大丈夫の気節は高尚なること、かくのごとくでなければ必ず小事に屈して大事を成すことは出来ない。ただ注意すべきことは聖人の道より進まないで、ひたすら気節の高尚なるを貴ぶ時は異端の虚無空寂となり、世間をもって塵芥とし、天下をもって糠粃《こうひ》と思って、ただ自適するを可なりとするようなことになってはならない。かく大丈夫たるもの度量は大きく、気節も高くなければならぬが、その中に自然温籍《おんしゃ》のところがなければならぬ。温籍とは内に徳を含み光を包んで外に圭角の現れないことである。小智短才なるものは器量狭きためにわが智を立て人に誇り世に衒《てら》う。これに反して度量気象よく万物に卓爾している時は、功を立て名を誇るところなく、さらに忿励の気なく温和自ら顔色に発し仁人君子の姿現れ、人に接する時には春の麗らかにしてよく物を利するがごとくである。これが大丈夫の温籍である。

次に風度である。大丈夫と言えば、ひたすら剛操を立て風俗野卑なるもののように思われるが、これは決して大丈夫の本意でない。月至二梧桐上一風来二楊柳辺一大丈夫不レ可レ無二此風流一と言い、周茂叔《もしゅく》の人品を胸中酒落如㆓斎月光風㆒と言っているように風情卑しからずしかも一種の健骨の相があるべきである。大丈夫と言えばただ剛強なるを専らとして衣服から飲食居宅言語態度に至るまで堅苦しくして、木の端か何ぞのように取りまわし、これが大丈夫の法であると思う輩があるがはなはだ誤りである。さればと言って優にやさしいのも柔弱である。要は少しも卑しい所がなく水精の瓶に秋の水を貯え、白玉の盃に氷を載せたようにいささかも匿《かく》れた風情のないのこそ大丈夫の風度である。

次に義と利とを弁別することである。大丈夫たるもの心に存すべき工夫としては、義と利との間に弁《わきま》えあることである。君子と小人の別、王道覇道の別、すべて義と利との間にある。しからば義とは何であるか。内に省みて羞じ畏れるところなく、事に処して後悔するところがないのがすなわち義である。これに対して利とは何であるか。内にはその欲を縦《ほしいまま》にして外はその安逸に従う、これが利である。学者の道を究むることも、つまりは義と利との弁えを詳《つまび》らかにするためである。利は人の好むところであって人の陥るところである。生死について言えば生を好み死を悪み、利害について言えば利に走って害を避け、労逸について言えば労を嫌って逸に付く。人間には感情があるからこれは当然であって、聖人の教えであるからと言っても生を嫌って死につき、害に走って利を避け、労するばかりで逸してはならぬというのではない。

聖人君子といえども好むところ悪むところは少しも凡人と変わりはない。ただその間に惑を弁ずるところがあるというだけである。それでは何が惑であるかと言うに、ただ自分の身を利してほかを顧《かえり》みぬのが惑である。自分の身を利することを好むはこれまた天下同様であって、ただ聖人君子は軽重をよく弁ずるのである。軽重とは君父兄師夫はわがために重く、臣子弟友婦はわがために軽い。天下国家はわが身よりも重く、視聴言動は心よりも軽い。この軽重を詳らかにする時は惑はここに止むわけである。大丈夫として己れ一個の利害によって当然恥じ恐るべきこと明白なる時に、義を棄てて利に走るがごときははなはだ不都合である。小利を得て傲《おご》り、功を遂げて誇り、財を望んでは求め、難を見ては遁《のが》れ、争っては勝ちを求め、分配しては多からんことを欲し、欲に限りなく、思うところは必ず満さんとし、楽しみを尽くさんことを願う。かくのごとく無量の情欲が出る時は軽重を弁ずることがないから、重い方を忘れて軽い身を重しとし、逆に君臣父子兄弟師友夫婦の義を欠き、欲するところを欲するままに振る舞って、後には必ず災いが残るのである。

次には命に安んずることである。人の苦しむところは死亡禍難貧賤孤独である。人の楽しむところはこの裏である。苦しむ時はこれがために心安からず、楽しむ時はこれがために心が動くものである。かく憂喜に当たって志すところが変じ、心が定まらないのは普通の情である。この時に確乎として心を動かさないのが大丈夫である。すなわちすべては天の命ずるところなりと覚悟して、妄動妄作しないのが命に安んずるのである。

次には清廉《せいれん》である。大丈夫にして内に清廉を守ることが出来なければ、公に事《つか》え父兄に従っても利害の心が生じて本心を取り失うことになる。清廉とは外の賄賂《わいろ》内の財貨に心を奪われることなく、世人の難しとするところに卓然として立ち、さらに屈しないことである。内に清廉なるところがないと、外のわずかの利害に心を奪われて守りを失い、孟子の所謂放心に陥ってしまう。人の気質に因って天性清廉にしていささかの貧なきものもあり、かような人は人に傑《すぐ》れているものであるが、なお学び勉めて天性を清廉にするようにしなければ、万事にわたってそれを発揮することが出来ない。この清廉の器があるならば利害に当面しても本心を取り失うことはない。

次には正直である。大丈夫の世に立つには必ず正直でなければならぬ。正とは義のあるところを守って更に変わらないことである。直は親疎貴賤によらず改むべきところを改め、正すべきところを正して人に諛《へつら》わず世に盲従しないことである。世に委せ人に従わなければ世間に身を立つることが困難であるなどと言う者がいるが、かくのごとき輩《やから》は俸禄を戴いておりながら、君の非を糺《ただ》すこともせず、父兄の悪を諫めずして追従をこととし、大禄大官にあずかりて当世にへつらい、時節を待って君を諫めようなどと言っているうちに、光陰は空しくすぎて一生の間一事のなすこともなく終わる。武士として最も恥ずべきことである。

次には剛操《ごうそう》である。剛とは物に屈しないことである。操とは自ら義なりと信ずるところを守って、いささかも動じない心である。武士たるこの心が無ければ、わが好むところにおいて、必ず屈し易く義を守るところが確かでない。故に剛操をもって信を立て、義を堅くするをもって武士の行とするのである。折角の清廉も剛操をもってするのでなければ立つ事は出来ぬ。人として生死利害好悪の無いものは無いのであるが、内に剛操をもって理を明らかにするからこそ、死というような最も嫌なものに直面してなお安んじてこれにつき、害のごとく何人も避けたいところに直面しても、なお甘んじて害を受けるのである。財宝酒色のごとき何人も好むところであるが、なおこれを避けるは剛毅節操を高く守るからである。しばらくたりとも剛操の志を失う時は、利に屈し酒に溺れ色に惑って、遂には義を忘れ生死の大事を違え、大節に臨んで約を変ずるに至るのである。かようなことでは決して大丈夫の志を立てるところとは言えない。よく義と利との分を弁《わきま》え、安んじてこれを行うは君子である。君子は世に得難いものである。学んで大丈夫に到らんと欲する輩は常に剛操を守って、好悪に当たって自己の心の存亡を明らかにしなければならぬ。

次には徳を練り才を全うすることである。その第一は忠孝を励むことである。大丈夫の世に処するや、出でては君に事《つか》え朝廷に交わり、入っては父兄に仕え事を齊《ととの》える。かくして天下の政治を助け万民の憂いを救う。不順の逆臣ある時は自ら将として征伐の任に当たり、あるいは籌《はかりごと》を帷幄《いあく》の裏に廻《めぐ》らして功を万民の上に立て、あるいは使いを奉じて大事を決し、あるいは死を致し、命を軽くして百年の寿《じゅ》を一刃《いちじん》のもとに棄てる。これ君に事えて忠を励ますのである。また父母に対して力を竭《つ》くし、父母を慕い、父母を養うためには死を賭してもなお顧みるところなきは、これ内において尽くすところの孝である。これを二つながら尽くすのが武士の任務であって、その任はなはだ重しと言わなければならぬ。ここにおいて武士たるものは常に気を養って安静ならしめ、心を存して義を弁《わきま》え、これを君と父とに移して忠孝を完うする。これが武士の勤めである。出でて君に事うるに徳をもってせず、入って父兄に仕えて孝悌《こうてい》に誠がなければ、養気存心《ようきそんしん》の働きは少しも現れない。

そもそも徳とは何であるかと言えば、内に養いの存するところを用いて、その誠を尽くして理を究めざるなき、これを徳と言うのである。たとえ養気存心することは出来ても、君父に対してその誠が足らなければ何にもならぬ。聖人の道は普く天下に施し、四海その化を被るにおいて初めて道が道としての価値を発揮するのであって、わずかに己れ一身を照らし、一身を清くするがごときは碌々《ろくろく》たる小人でも出来ることである。故に君父に事《つか》え、その致すべきを務め、いささかも怠らずして道理にかない、四海安寧に家内無事であって、変に臨んで滞るところなき時、はじめてこれを大徳と言えるのである。故に徳を練るにはまず忠孝を励まし、その誠を尽くし、君父に事える間、天性に従い守って違《たが》えざるを本とすべきである。君父は人倫の大綱であって、わが事えるところに誠を尽くさなければ君臣父子の道も明らかでなく、また誠を尽くさんと欲すれば徳を練らずしては実必ず薄く、あるいは利害によって変じ、死に臨んで変ずるものである。

次には仁義によることである。人の徳は畢竟仁義に帰する。これ実に天の命ずるところの性であって、その情に従って人為的の変更を加えることがなければ、ただ満腹仁義あるのみである。故に大丈夫たるもの自ら身を守るの間、仁義をもって拠《よりどころ》とすべきである。いうところの仁義は天地生々の心であって、孟子のいう惻隠《そくいん》の情《じょう》を発して節に中《あた》るは愛の用《はたらき》である。義は事に処して羞悪の情があって、内に恥ずるところあるを外に推しあてて、それが節に中るものをいうのである。故に仁の心がなければ寛容大度の形が現れず、その好むところ悪《にく》むところに陥溺《かんでき》してしまう。これ仁をもって聖人の源とする所以である。また義の心がなければ事に処して節《すじみち》がないから、截断果敢なることが出来ない。仁を力《つと》める時は礼ここに立ち、義を力める時は智ここに明らかである。これ仁義は礼智の源泉である所以である。聖人の教えるところもこの仁義の二つを出《い》でない。仁をもって徳の本とし、義をもって事を致すの用とする。大丈夫たるものの道は、仁義を拠として内の徳を練るのでなければ、とうていその実を得ることは出来ない。大丈夫の日々に用うるところは、外《そと》君父につかえ内《うち》自ら修める、ただそれだけである。君父に事うるの道ここに立つ時は、臣子の道明らかであって、朋友の交わり、兄弟の序、夫婦の別は自然に整うわけである。君父は人倫の大綱なりと言った所以である。

次には事物を詳らかにすることである。事物の用《はたらき》たるや、それぞれその特色があってその本分を尽くしているのである。同じ草木でもそれぞれその特長があって、特長に応じてそれぞれ用をなしている。故に武士として世の指導者たる地位にいるものは、それらの事を詳らかにして、それぞれの用を完うせしめなければならぬ。かく事物にそれぞれの特長があって特長に応じて用を異にするのと同じく、人物にもそれぞれその長ずる所があって互いに違っているのであるから、それぞれ適材を適所に置くということは、武士たるものの常に意を用いなければならぬ所である。

次には博《ひろ》く文を学ぶことである。古今の人物にははなはだしき差があり、外国と本朝とは非常に違っている。その徳の高きこと天地にも比すべき人もあり、その才万物に及ぶ人もある。それらのことは、すべて事によって知ることが出来るのであって、これを知った上でこれを用いると否とを自ら決するのである。故に武士たるものは博く古今の書を読んで、事物の用を詳らかに弁《わきま》えなければならぬ。学者あるいは書物を読んで古今の事を暗記し、これを世に誇示し、あるいは詩文を弄《もてあそ》んで、それが学問であると心得ているものがある。いずれも大丈夫たるものの学ぶべきところではない。あるいは筆硯を事とし舌耕傭書《ぜっこうようしょ》して口を糊《のり》し、祐筆《ゆうひつ》となって人の脚下にうずくまる。かくのごときは大丈夫の本意とするところではない。

しからばどういうことが武士の学問であるかと言えば、古《いにしえ》の聖人の道をもって本とし、賢人君子の行跡を倣《なら》い、古今時代の変化の理法を弁えて見聞を広くし、その才を増し知を磨かんがためである。書を読んで利口ぶる材料とし、詩文を翫《もてあそ》んで頻《しき》りに当世の人物を軽蔑し、自ら高ぶり人を嘲《あざけ》る道具とする、かくのごときは決して大丈夫の学問ということは出来ない。人もし古今に暗く世の変化に通ずるところがないと固陋《ころう》に流れて性質が偏僻《へんぺき》になり才が狭い。これ古人が文を学ぶをもって教えとする所以である。しかし学んだだけで自ら工夫するところが薄い時は用に立たず、折角の文才もかえって害となることがある。わが今日のことを詳らかに究めた上で古今の事を考える時に、はじめて学が才となって用をなすのである。内に徳を練って自ら修め心を正しうすべき思慮なくして、外にただ学問読書に志ある時はその博文《はくぶん》が悉く今日の害となって、かえって学ばざるに劣るものである。そうして見ると自ら省《かえり》みて正しうするのが本である。学はただ才を明らかにして古今に通ずるというだけである。つまり自省の参考にするのである。

最後に自省である。自省は自戒である。大丈夫たるもの常に自ら省みて気質の後れたところを考え、己れの好悪を計って自ら戒め短所を鞭つべきである。孔子の高弟のごときすら、なお日に三たび省みたという。およそ天下の事たるや、その起るところ成るところ共に立派であっても、久しくそのままにして反省することが不十分であると、必ず弊害が起こって来る。それを正さずして何時までもそれに頼っていれば必ず失敗することがある。故にその事物を始めるに当たって、詳らかに道理を考えてもなお時には省み、再考して弊を改め、時勢に合わないところをつくろい変ずるようにしなければ、決して終りを完うすることが出来ないのである。

次には第三項たる威儀《いぎ》を詳らかにすることである。これは素行の最も力を入れて説いているところであって、その第一は敬である。敬はつつしむである。敬せざるなしは何事をなすにも何者に対するにも、必ず敬むという心を本としければならぬということである。身を敬するの術としてはまず威儀を正しくするのである。威儀を正すについてはまず何を先とすべきか。その一身について視聴言動を非礼のために動かさないのが最も要とする所以である。しかして威儀をいかにして正すかというならば、曲礼に毋レ不レ敬とある。この三字をよく工夫することである。およそ礼というものは、その本は人心の止むに止まれぬところから出でて、事物の上に自然の節があり、その動作が厳然として犯すべからざるもの、これが礼である。身体の動静はすべて礼の用《はたらき》であるから、一動一静、一語一黙、それぞれ礼節がある。その礼の本がすなわち毋レ不レ敬の三字に帰するのである。それはどういう訳であるかと言えば、語黙動静の間に詳らかに思って節に当たらんことを計る時は、たとえ当たらずとも遠からざる道理である。何の思い計りもなく、ただ行き当たりバッタリで事を行い、情欲の動くがままに発せしむるからこそ、いろいろの非礼の事も多く威儀もまた廃れてしまうのである。事物の間において常に思いを深くし、詳らかに慮《おもんぱか》るならばそれぞれ正しい所に近いであろう。これを毋レ不レ敬と教えるのである。

次には視聴を慎むことである。人間の身体には四支《しし》百骸《ひゃくがい》があって極めて複雑なものであるが、要するに時を知ると内に通ずると、この二つに帰する。耳、目、鼻の類は皆時を知るの用《はたらき》がある。孔子は非レ礼勿レ視、非レ礼勿レ聴と言っている。しからば何が非礼であるかというに、事物を見聞するの形、威儀を失って已れの利に任ずる、これが非礼である。邪色を見、邪声を聞くのみが非礼ではない。邪色邪声は外部から来るものであって、欲せざる時に自然に耳目に触れたからといって、これを非礼であるということは出来ない。正色正声は非礼の色声であるということは出来ないが、これを見聞するに当たって威儀を失い、ただ情欲にまかせるならば、それは正しく非礼の視聴である。故に君父の臣子を見るも臣子の君父を見るも、それぞれの事柄によってそれぞれ礼がある。大丈夫たるもの世に立って身を正しくし、万人の則るべき規範たるためには、まず視聴の威儀をつつしむことが大切である。

次には言語を慎しむことである。言語は内を外に通ずるの用である。たとえ戯《ざ》れ言《ごと》でも人の思想が現れる。言語は内に動くところがあって外に発するものであるから、妄動すればそれに応じて必ず妄言がある。少しく注意を怠る時は節を過ぎて言を発し、あるいは当座の戯れ言をなし、あるいは過言して人を怒らしむる。古来の聖賢は言語の出で易くして行のこれに及ばざることを戒めている。口を開いて言うことは何でもないが、言語に節をもってせざる時は、いたずらに多言饒舌に陥って何等の益もなく、行がその言を践《ふ》むことが出来ず、多くは虚言に終わり、食言に終わる。かくのごときは武士として最も恥ずべきことである。かく言うべきことと、言うべからざることとを、よく弁《わきま》えることが大切であるのみならず、同じ事を言うにしても自分の身分、相手の身分によって、それぞれ定まった用語があることも注意しなければならぬ。賓客に対する言語、君の臣に対する言語、臣の君に対する言語、父の子に対する言語、子の父に対する、夫の妻に対する、妻の夫に対する、それぞれ節を守ることが必要である。あるいは軍旅にありては簡潔を尚《とうと》ぶなども、その一種である。

さらにまた、平生の言と変に処するの言とは弁えるところがなければならぬ。何事もない時にあわてて疾言《しつげん》する時は人を驚かすべく、非常の変ある時には疾言して人を驚かし、速かに言って早く計らしむべきである。要するに言語は内部が外へ発するものであるから、いささかたりとも忽《ゆるがせ》にする時は威儀はすなわち乱れる。君子は非礼の言を慎むということは最も翫味《がんみ》すべき言である。ただ淫乱非義をいうことのみが非礼というのではない。いやしくも口を開いて節にあたらざれば、それはすべて非礼である。言を発して時の宜しきに合わざるもまた非礼である。また同じ事であって言うべき時と言ってならぬ時とがある。道理さえ正しければ、何時言い出しても差し支えはないというわけにはいかない。また言うべき事と言うべからざる事とがある。理窟さえあれば何を言ってもよいというわけにはいかない。食不レ語寝不レ言というのは言うべからざる時を示したものである。また恒言不レ称レ老というのは父母の前で老年のことを言わぬということである。また終日談論して言を費しても、もしそれが己れの利口を立てて議を衒《てら》うのであるならば、何等の益なきのみならず君子のはなはだしく悪《にく》む所である。その言うことがすべて己れの利のためであるならば、非礼これよりはなはだしきはないのである。

次には容貌の動を慎しむことである。容貌は天命の性心を容れる器である。内に存する思いが不正であれば、容貌もその通りに動いて外部に表れる。もし容貌を正そうとするならば内にある思いを正しくしなければならぬ。無事の時には静かに坐して気象を養い、傲《おご》り惰《おこた》る形を見せず、人と接しては恭敬して和気を示す、これが大丈夫たるものの坐法である。坐しては箕《みの》の広がったようにだらしの無い有様をして怠慢の姿をあらわし、坐ったかと思えば立ち、立ったかと思えば坐って落着きがないのは、その心が定まっていないからである。かくのごときは決して大丈夫の道ではない。立つ時には立つ前に立つべきの心得をなす、これ立つの威儀である。常に歩行を慎しみ容を乱さず敬を存しなければならぬ。たとえ急の事があっても、あわてふためいて動作するがごときは大丈夫の心ではない。かりそめの手ずさみであっても、その態度が正しくないと心も見透さるるものである。読書にしても読む時の威儀がだらしなく、あるいは横臥して読むなどは、その心が正しくないのであるから、正しく理解することは出来ない。ことに古今の聖賢、天子の行跡などが記されているということになると、いささかこれを忽《ゆるがせ》にすることも大丈夫の本意であるということは出来ない。動静その所を失い威儀ここに乱るる時は、自然に内の志も放埒になって、その徳も正しくない。すなわち容貌の威儀は、すべて内部の徳に関係して来るのであって、その重きこと知るべきである。

次には飲食の用を節することである。飲食は人間が生命を保つに必要欠くべからざるものであるが、節をすぎれば害あって益なきものである。飲食の節とはただ飢渇《きかつ》せざる程度を守ることである。それも身分を考えて奢《しゃ》に流れず倹《けん》に失せず、また幼と老とは美食せざれば養を保ち難いものであるから、それらは適当に選択すること、また尊長の前における食事の作法なども説いている。次に衣服の制を明らかにすること、居宅の制を厳にすること、器物の用を詳らかにすること等を説いているが、いずれも「武教小学」において説いたこととだいたい同じである。

最後は礼用の威儀に関する惣論である。われわれが生活していく上においては一事一物として、その動静の礼に関係のないものはない。故に自分の身体から器物に至るまで、それぞれ法則を明らかにすることは君子大丈夫たるものの貴ぶところである。その礼の大なるものについて言えば、冠婚葬祭の礼があり、賓客軍旅等の礼法がある。武士として礼容を知らずただ剛強を専らとするがごときは、その鄙劣《ひれつ》なること蛮夷《ばんい》の勇士とも言うべきものになってしまう。なるほど武士は勇武剛操を本とすべきものではあるが、礼容を放埒にし情欲の動くがままに従うならば、文武の識見器量は決して有り得ない。文武の識見器量がないような事では、ただ伎倆を本とすることとなって真勇を得ることは思いもよらないのである。すべて礼は人の本であって人倫の交際、器物の制、みな礼を出でない。礼のここで違う時は節もここに失う。節が無ければ、言うこともためすことも皆過不及に陥り、天理の宜しきに合わぬ。故に聖人は礼を重んじて礼に関する制法を立て、人をして悪に陥らしめないように戒めたのである。故に武士たるもの敬せざるなきをもって心とし、一生涯の人品節操を礼のはたらきに合せて、具《つぶ》さにその理を究むるにおいて初めて威儀の則に合致することが出来るのである。

次には最後の項目たる日用を慎しむことである。易に百性日用不レ知とあり、中庸に、道也者、不レ可須臾離一也、可レ離非レ道也とある。人の世にあるや、一動一静みなこの外には出でないものである。これを道というのである。昔聖人がその制を定めた。今日聖人は出でないでも一旦定めた制を人々が守る。人々日々用うるところ悉く道があるのである。人々道に離れることがなければ平穏無事であり、道を離れる時は変を生ずる。この事を体認して一事一物すべて天地の則を守って離るべからざるの道に叶《かな》う、これが君子日用の工夫である。かく日用の工夫をなす方法としては、まず一日の用を正すことから始めなければならぬ。人間の一生は五十年百年というといえども、要するに一日が積って五十年となり百年となるのである。毎日その日一日の用を正しくして慎めば、それが積って一月となり、一年となり、十年となり、ついに百年にもなる。否必ずしも一日と言わない。一時一刻、一分でもよいのである。その一分一分を正しくすれば百年といえどもまた正しいわけである。

次には財用受与の節を弁ずることであるが、このことは「武教小学」に述べたところであるから、くりかえす要はあるまい。最後に遊会の節を慎しむことである。賢を賢とし親を親とし、あるいは春服して風に浴し、暑を避けて船を艤し、月に嘯《うそぶ》いて山に遊ぶ。山間の明月、江上の清風、花に傍《よりそ》い柳に随う。これらはみな武士たるものの遊会として最もふさわしいものである。度量広く風流清く、飲食に戒めあり、遊会に節有る。これら凡て日用を慎むというのであって、武士の修養としては必ず心得なければならぬことである。

以上が素行の「士道」に見えたところの武士的修養である。わが中世以来発達したところの武人的精神に儒教の君子の道を配したものであって、必ずしも武士のみと言わず、人として守るべきほとんどすべての道を尽くしている。

五　吉田松陰、素行の精神を受け継ぐ

山鹿素行の後を受けて、これを祖述した人としては大道寺友山の「武道初心集」を始めとして、その後世に及ぼした影響は著しいのである。水戸の徳川齊昭が始めて水戸家を継いだ時に、その藩士に示した「告志篇」の中に、武士の摂るべき楽として示してあるのは、素行が「士道*」

の中の遊会の節を慎むという所に示してあるところとほとんど同一である。そのほかだいたい素行の説と同じであるのを見ると、恐らく烈公も素行の「士道」から教えを受けているのであろう。ことに看過することの出来ないのは吉田松陰であって、吉田松陰の最も強烈なる愛国者である事は今更論ずる必要もないことであるが、松陰は直接には佐久間象山に師事してその感化を受けているが、他の一面に素行の「中朝事実」や「武教小学」を受読して影響を受けているのであって、松陰が素行の「武教小学」をもって武士の読むべき書であるとして門人に推奨し、自ら松下村塾においてこれを講じたのである。明治維新の事業の完成には、松陰を通じて、間接に素行の精神が働いていると言うことが出来るのであろう。

士道＝「山鹿語類」の中から後になって取り出して一部としたものである。「山鹿語類」は素行の講話を門人が集録したものである。

六　葉隠に現れた武士道

文学博士　乙竹　岩造

「葉隠」は佐賀藩士石田一鼎の薫陶を受けた山本常朝の閑談を、田代常左衛門が筆録したものである。その「葉隠」は「肥前論語」「鍋島論語」とも呼ばれ、佐賀藩士の精神陶冶に資するところが少なくなかったのである。本篇は、東京文理科大学教授文学博士乙竹岩造氏の一文を採録したものであるが、よく葉隠精神の骨髄を説き尽くしていると思われる。けだし葉隠武士道は近世武士道の特色を十二分に発揮したものといえよう。

一　貝原益軒の武訓

貝原益軒は、その著「武訓」において、

「凡そ武士となる者は、忠孝義理の志なくしては武勇おろそかに、節義闕《か》けて奉公の道たたず。また武士の家に生まれ、兵術武芸を知らず、武具を備えず、軍用乏《とぼ》しくてはたとえ心猛《たけ》くとも、武勇、つとめおろそかなるべし。故に武士の道、内には忠孝義理をもって本として兵法をしり、外には武芸をならい、武備ともしからざるをもって助とす。武士として忠孝義理の道をしらず、兵法武芸にうとく武備なくんば、武士の業を失えりと言うべし」

と述べているが、これが江戸時代における武士道の理想であったのであろう。しかも世の泰平につれ、ことに都会繁華の地にあっては柔弱ようやく俗をなして意気は次第に低調に帰し、江戸中期以後においては、いわゆる鉢植武士（武士をののしった言葉）が多くなって、士道は低調に帰したのに反し、辺鄙《へんぴ》僻陬《へきちょう》の地においては、かえって古来剛健の士風が自然の土壌に培《つちか》い養われて生々と繁茂したものが多い。九州の薩摩や、肥前や熊本や四国の土佐や、奥羽の会津や白河や、その他全国各地にこうした実例は見られるのであって、就中《なかんずく》、鹿児島地方の士風教育のごとき、佐賀地方の葉隠教養ごときは、その頗《すこぶ》る著しいものであろう。

いまここに述べようとする旧鍋島藩領たる佐賀地方に行われた葉隠武士道は、肥前に栄えて武威を輝かした同流の家である大友、少弐、龍造寺、鍋島の四家の間に醸成され、そこに発達した士風であろうと考えられる。その文献たる「葉隠」は、宝永から享保の初めにかけ、六年半の長きにわたって筆録されて伝えられたものであろう。

二　葉隠武士の理想像

葉隠の根本信条と見られるべきものは、山本常朝がわれら一流の誓願として語っている次の四カ条である。

一、武士道においておくれ取り申すまじき事。
一、主君の御用に立つべき事。
一、親に孝行仕るべき事。
一、大慈悲を起こし人のためになるべき事。

まず武士道においておくれを取ってはならないことを、四誓願の極上としている。そして、「武士道というは死ぬことと見付けたり。二つ二つの場合（二つ二つの場合）には、早く死ぬ方に片附くばかりなり。別に仔細なし。胸すわりて進むなり。図に当たらぬ（計画が外れて思うままにならぬ）は、犬死などいうことは、上方風の打ち上がりたる武士道なるべし。二つ二つの場合にて、図に当たるようにするには及ばぬことなり。我人、生くる方が好きなり。多分好きな方に理が附くべし。もし図にはずれて生きたらば腰抜けなり。この境危きなり。図にはずれて死にたらば、犬死気違いなり。恥にはならず。これが武道には丈夫なり。毎朝毎夕、改めては死に死に、常住死身になりている時は、武道に自由を得、一生落度なく、家職（職責）を仕果たすべきなり」と説明されている。これはすなわち必死の覚悟であって、節義のためには一死を鴻毛《こうもう》の軽きに比するものである。この覚悟こそ、由来武士道の精髄であって、武士道という言葉が始めて詠まれたものとして名高い歌の、「命をばかろきになして武士の道より重き道あらめやは」（源致雄）の心である。しかもこの覚悟は単なる盲目的の猪突ではなく、かえって常住坐臥の間、瞬時も忘れざる修養練磨を積むことに頼ってのみ贏《か》ち得るところのものであって、この修養この練磨こそは、武士の武士たる所以のものである。松平定信が「馬を立ておくは不吟味の大将の下にある事なり。常々心に懸けずして、俄《にわか》に成る事にては更になし。（中略）常の心懸けという事は、手近く手軽き証拠をもって言わば、灸は飛び火の十双倍なれども、覚悟する故、女童も見事こたうるなり。飛び火は覚悟もなく不意なる故、鬚男のたまげる事その証拠なり」と言い、常の心懸けなきもの「武門に有りては日本の患なり」と言って、さらに「天地を尽くしても、武士の有らんかぎりは、この道理すたるまじ」と断じているのは、詢《まこと》に意味深い見解であるが、「葉隠」においては、この覚悟、この修養をくりかえし随時随所に述べているのである。すなわち、「覚の士、不覚の士ということ、軍学に沙汰あり。学の士というは、事に逢うて仕覚えたるばかりにてはかなし。前方《まえかた》に、それぞれの仕様を吟味し置きて、その時に出向かい仕果するをいう。されば万事前方に極め置くが覚の士なり。不覚の士というは、その時に至って、たとえ間に合わせても、これは時の仕合わせなり。前方穿鑿《せんさく》せねば不覚の士と申し候なり」といい、「ある剣術者の老後に申し候は、一生の間、修行に次第がこれあるなり。下位は修業すれども物にならず、われも下手と思い、人も下手と思うなり。この分にては用に立たざるなり。中の位は未だ用には立たざれども、わが不足目にかかり、人の不足も見ゆるものなり。上の位はわが物に仕成して自慢出来、人の褒《ほ》むるを悦び、人の至らざるを嘆くなり。これは用に立つなり。人も上手と見るなり。大方これ迄なり。この上に一段立ち越え、道の絶えたる位あるなり。その道に深く入れば、ついに果てもなき事を見附くる故、これ迄と思うならず。われに不足ある事を実に知って、一生成就の念これなく、自慢の念もなく、卑下の心もこれなくして果たす道を知りたり、と申され候由、明日よりは上手になり、今日よりは上手になりして、一生日々仕上ぐる事なり。これも果てはなきという事なり」といい、「何としたならば道に叶うべきやと一生探促《たんそく》し、心を守って打ち置く事なく、修業仕るべきなり。この内にすなわち道はあるなり」といい、かくのごとく精神力を集中して努めに努め、「紅涙《こうるい》の出るほどに徹するところ、すなわち神に通ずるかと存じ候」といっている。いやしくも進んで、「大難大変に逢うて動転せぬというは、いまだしきなり。大変に逢うては歓《かん》喜踊躍《きようやく》して勇み進むべきなり」といい、「修業においては、これまで成就という事はなし。成就と思う所、そのまま道に背くなり。一生の間不足不足と思いて、思い死にするところ、後より見て成就の人なり。純一無雑《ぶざつ》に打ち成り、一片になる事は、なかなか一生になり兼ぬべし。まじり物ありては道にあらず。奉公武辺一片になること心がくべきなり」と警め、「物が二つになるが悪しきなり。武士道一つにて、他に求むることあるべからず。道の字は同じ事なり。しかるに儒道仏道を聞きて武士道など言うは、道に叶わぬところなり。かくのごとく心得て諸道を聞きて、いよいよ道に叶うべし」と訓へている。したがって、「武士は仮にも弱気のことを言うまじ、するまじと、かねがね心がくべき事なり」と。むしろ、「大雨の感と言う事あり。途中にて俄雨にあいて、濡れじとて道を急ぎ走り、軒下などを通りても濡るる事は替らざるなり。初めより思いはまりて濡るる時、心に苦しみなく濡るる事は同じ。これ万《よろず》にわたる心得なり」である。すなわち、どこまでも積極的であり徹底的であり、脇目も振らざる前進であり驀進《ばくしん》であって、これこそ武士道においておくれ取り申すまじき一路である。飽くまでも勇猛《ゆうもう》不退転《ふたいてん》の執心と厘毛《りんもう》といえども所志ににじり寄ろうとする実践とが修業の方途であって、寺沢巌男博士（東京文理大教授）が、「蝮蛇《まむしへび》のごとき大執心と尺蠖《しゃくとり》のごとき漸進主義とは、葉隠武士道における二個の重要な信条である」と述べられた通りである。それは不撓不屈の念力であって、精神主義の無比の結晶である。かくて、「何事も成らぬという事なし。一念起こると天地をも思いほがすものなり」と訓えている通り、精神一到何事か成らざらんの強烈無比の精神主義である。

しからば、かくも強烈無比の精神力は何を目標として実現せらるべきか。何のために武士道は大切かといえば、そは実に第二の誓願たる主君の御用に立つべきことを目的とするものであって、武士道の純一無雑の目標は正に忠義という点にあるとするのである。「葉隠」に、「武士の大括《くく》りの次第を申さば、まず身命を主人に篤と奉るが根元なり。かくのごとくして後は何事をするぞといえば、内には智仁勇を備うる事なり。三徳兼備などと言えば、凡人の及びなき事のようなれども、易きことなり。智は人に談合するばかりなり。量もなき智なり。仁は人の為になる事なり。われと人と比べて、人のよきようにするまでなり。勇は歯噛みなり。前後に心附けず、歯噛みして踏み破るまでなり」とし、まず身命を主人に篤《とく》と奉るが根元なり、と喝破しているところに刮目《かつもく》すべきであって、この大眼目さえ明確となれば、その他のことは、たとえ智仁勇といえども易いことであるというのである。かく明確に忠義至上を標榜し、さて、「奉公人は一向に主人を大切に歎く（大切に思う）ものなり。これ最上の被官（家来）なり。御当家御代々、名誉の家中に生まれ出て、先祖代々御厚恩の儀を浅からぬ事に存じ奉り、身心を擲《なげう》ち、一向に歎き奉るばかりなり。この上に智恵芸能もありて、相応々々の御用に立つはなお幸せなり」と述べて、忠誠の精神こそ第一のものであると論断し、また「毎朝拝の仕様、まず主君、親、それより民神、守仏と仕り候なり。主をさえ大切に仕り候わば、親も悦び、仏神も納受あるべしと存候」と示し、さらに泰平の時代における忠義の道は奉公の誠を尽くすにあるとして、「一役を勤むるものは、その役の肝要を詮義して今日ばかりと思い、念を入れ、主君の御前と思い大切にすれば誤なきなり」と説き、「万事実一つにて行けば済むものなり」と言って、どこまでも実意の大切なるを訓えている。そもそも忠道は実にわが国民古来の根本大道であって、武士道を大いに鼓吹した源頼朝が佐々木に与えた手紙にも、「武士というものは帝王を護りまいらするうつわものなり」と教えて、尽忠が武士の本領であることを示し、その子実朝の、「山はさけ海はあせなん世なりとも君にふた心われあらめやも」の歌は、よくこれを現している。戦乱の世を経て封建制度の固ってしまった江戸時代に醸された「葉隠」では、鍋島藩という狭隘な範囲に局限せられて、藩主に対する忠誠をもって忠義と考えたのは、一君万民のわが国においては根本的に大きな誤謬である。

次に重要なるは、親に孝行仕るべきことであるとしている。しかも忠孝は一本であり一如であり、いな孝は実に忠に附随すべきものであるとされている。すなわち「孝は忠に附くなり。同じ物なり」といい、「忠臣は孝子の門に尋ねよとあり。随分心を尽くして孝行すべきなり。亡き後にて残り多きことあるべし」と述べ、「忠孝に背《そむ》きたる者は世界に置所なし」と言っているのは、誠に至言である。わが国体は皇室を宗本家と仰ぎ奉る一大家族的国家として特色づけられ、家と国とが、その本質を同じくしているのである。肇国の大理想と歴代烈聖の深厚な御樹徳と、私達の祖先の忠誠とは、全く世界無比の美わしい国風を形造って来たのであって、国を家として忠は孝となり、家を国として孝は忠となるわけである。山鹿素行の武士道を伝えた吉田松陰が、「忠孝一致ただわが国をしかりとなす」と言ったのもこれであって、楠氏でも、北畠氏でも、菊池氏でも、新田氏でも、古来最も優れた忠臣の一門は、いずれも忠孝を両《ふた》つながら全うしたものであって、真にわが国風の精華である。しかも忠と孝とは決して対立するものではなくして、孝は実に忠に附随するものなのである。大塚貞伝が「春日山日記」に「それ君と親とはいずれが重しと言う時に、忠を重しとす」と述べているのも、それである。大義親を滅すとの言葉の通りである。

第四の慈悲を起こし人のためになるべき事もまた、葉隠武士道の公共性、全体性を現すものとしてすこぶる注目に値する。けだしそれは、共同的、社会的の理想を十分に示しているからである。大慈悲とは「何事も君父の御為、または諸人のため、子孫のためとすべし。これ大慈悲なり」であって、その徳と価値とを述べて「慈悲より出ずる智勇が本の物なり。慈悲のために罰し、慈悲のために働く故、強く正しきこと限りなし。わがためにするは、狭く小さく小気なり。悪事となるなり」といい、家康公仰せに「諸人を子のごとく思う時、諸人またわれを親のごとく思う故、天下泰平の基は慈悲なり」と。また「寄親《よりおや》、組子《くみこ》と申す事、親子の因《ちな》み、一和の心を附けたる名かと思われ候」と述べているのを見ると、これは親心と解してよい。そして一和ということを力説して「諸人一和して、天道に任せていれば心安きなり。一和せねば、大義を調べても忠義にあらず。朋輩と仲悪しく、かりそめの出会いにも顔出し悪《あ》しく、すね言《ごと》のみ言うは、胸量狭き愚痴より出ずるなり。自然の時を思うて、心に叶わぬ事ありとも、出会う度毎に会釈よく他事なく、幾度にても飽かぬように心を付取り合うべし。また無情の世の中、今の事も知れず。人に悪しく思われ果たすは、詮なき事なり。ただし、売僧《まいす》、軽薄は見苦しきなり。これはわがためにする故なり。また、人を先に立て、争う心なく、礼儀を乱さず、へり下りて、わがための悲しくても、人のためによきようにすれば、いつも初参会のようにて、仲悪しくなることなし。婚礼も作法も、別の道なし。終りを慎む事始のごとくならば、不和の義あるべからず」と述べて、滅私奉公の必要と謙虚礼譲の大切とを明らかにしている。他方にはまた、衆知を集めることの重要性を勧めて「わが智恵一分の智恵計りにて万事をなす故、私となり天道に背き、悪事となるなり。脇より見たる所、きたなく、手よわくせまくはたらかざるなり。真の智恵に叶いがたき時は智恵ある人に談合するがよし。（中略）一人の智恵は突っ立ちたる木のごとし」と言っている。

かように智恵を尚《とうと》ぶのであるが、その智恵とは実際的知能を意味するのであって、学問芸能そのものをじかに指すのではないのである。ここにもまた、葉隠武士道の一つの大きな特色が現れている。まず学問について言えば、学問そのものを客観的に尚ぶよりは、これを主観的に自己の内面に掘って行くところに始めて意味をつけるのであって、単なる知識そのものに対しては、むしろその弱点弊所を警戒してさえいるのである。「学問はよき事なれども、多分失出来るものなり。一行いある者を見ても、わが心の非を知るべきためにすれば、そのまま用に立つなり。しかれども斯様には成り兼ねるものなり。大かた見解が高くなり理好きになるなり」と言っている。また芸能についても同様であって、芸そのものが貴いのではなく芸の体得が貴いとして、芸術主義に対する人格主義を標榜している。「芸は身を助くると言うは、他方の侍の事なり。御当家の侍は、芸は身を亡ぼすなり。何にても一芸これある者は芸者なり。侍にあらず。何某は侍なりといわるるように心掛くべき事なり。少しにても芸能あるは侍の害になる事と得心したる時、諸芸ともに用に立つなり」の言、これを徴して余りがある。したがって衒学游芸《げんがくゆうげい》は最も忌み嫌うところであって、どこまでも人本主義であり、実践主義であり、躬行《きゅうこう》主義である。「少し理窟などを合点したる時は、頓《とどまり》て高慢して、一ふう者と言われては悦び、我今《がこん》の世間に合わぬ生附きなどと言いて、わが上あらじと思うは、天罰あるべきなり」と警《いまし》め、さらに「理を付けては道は立たざるなり」とさえ断言して、徒《いたず》らに理知に流れ、理屈に走ることを排斥《はいせき》しているのである。

一括してこれを見るに、知識よりは精神を尚び、理論よりは実践を重んじたのであって、素直で実直で、内に勇猛不退転の覚悟を蔵して、外には共同一和の働きを備えた武士こそ、葉隠武士道の理想であったのである。

三　精神主義と理知主義

総じて西洋の学問は、多くは行実から抽象した概念を資料とし、それを理知の働きで研ぎ磨いて鋭い概念となし、そうして概念を、他の同じく鋭い概念をもって互いに磨きを掛け、そして純粋なる概念と称して貴ぶのである。そうした概念の序列が道と考えられ、理論と称せられ、科学と唱えられたのである。若干の例外もあるから一概には言い切れないけれども、一括して言えば、理知主義（主知主義）が余りにも強く支配しているのである。そして理知主義は、その当然の途行として、分析を重んじ、批判に訴え、推理を進め、抽象に流れるのである。これに反してわが国の道義観念、それはある程度まで広く東洋思想の全般に通じてそうであるが、これは精神の発露であり顕現である。行実そのものの直接の結晶であり、生活そのものの如実の反省であって、ただ抽き出され描き出されたものではない。これも必ずしもそうでない場合もないではなかろうが、何といっても精神が根本であることは、何人も首肯するところであろう。そして存養修為の途《みち》も、体験に基づき、反省により、信念に訴え、実践を重んずるのであって、綜合的であり実現的である。この精神主義と理知主義との相違は、広く思想や学理の全面にわたって考えられねばならぬところであるが、わが国古来の武士道、泰平の時代に恵まれてもますます剛健性と強靱性とを発揚した武士道、端的にいえば、かの吉田松陰が最後の日まで宣揚し続けた大和魂の十分の発揮こそ、振古未曾有の非常時に際会して、躍進日本、興隆日本の大使命を遂行すべき根元であると思うのである。

貝原益軒＝江戸時代の鴻儒（儒学の大家）である。通称久兵衛。益軒は号。寛永七年福岡に生まれる。医を学び、仏書を好み、儒学を山崎闇齋、木下順庵に学んだ。博覧強記、知識の大衆化をはかった。正徳四年没。年八十三。著書多く、武訓は益軒十訓の一である。

江戸時代＝江戸時代は徳川家の江戸開府より明治新政に至る約二百五十年の間であるが、この時代はいわゆる封建制が完全に行われた時代であり、士農工商といって武士が社会の上層階級として特権を揮った時代である。久しく太平であったために一面において武士道がすたれて武士は漸次に頽落してゆく傾向があるのであるが、一面において、教義としての武士道が完成し、国体の尊厳に覚醒していわゆる大義を解するところの勤王の志士が靄《もや》のごとく起こって、王政復古となリ、明治維新となったのである。

松原定信＝江戸時代の傑れた政治家。楽翁と号す。宝暦八年生まれ、文政十二年没す。年七十二。著書すこぶる多くおよそ百三十余種に及ぶという。

葉隠武士道の影響＝葉隠武士道は国学を鍋島藩の学問という意味に使用しているほどであって、その武士道は必ずしも国体に覚醒したところのものではないが、その影響は後世すこぶる大きいものがあるのである。

昭和七年一月九日、錦西方面の兵匪討伐中、二千に余る匪徒の襲撃を受け、その重囲に陥りながらわずかに手兵六十騎をもって猛戦激闘、能く聯隊旗を死守し、多くの部下と共に戦死を遂げた古賀聯隊長。同年二月二十二日午前五時三十分、廟巷鎮鉄条網破壊の決死隊に加わった爆弾三勇士の一人江下武二工兵伍長。同年二月二十日江湾鎮の大激戦に参加し、敵軍奥地に突入し、わずか三十数名の部下と共に三昼夜の悪戦苦闘を続け、武運拙く重傷を負い敵軍病院に収容され、それを武士の恥辱として自殉した空閑少佐。これらの勇士は皆、葉隠武士であった。空閑少佐は平常「葉隠」を愛読して、赤色をもって傍線を施した章句の一つに「武士道というは死ぬことと見付けたり。およそ二つ一つの場合には早く死ぬかたに片付くばかりなり」というのがあるそうである。その空閑少佐の辞世の歌は葉隠の教訓を守ったことの証であろう。

たらちねの親の教を守りてぞ弓矢の道を吾は行くなり

武藤信義元帥も葉隠武士であるが、その感懐の二歌をあげよう

老いぬれど国に報ゆる真心は若き桜の花に譲らじ

玉の緒のつづく限りは大君の　深き恵みにこたへまつらん

七　物のあわれと武士道

文学博士　野村　八良

「武士は物のあわれを知る」といわれる。これは日本武士道の愛すべき一面である。武臣としての大友家持が万葉時代の有数な歌人であったことも有名な事実であるが、ここには武士発生当時の武人の感懐を述べた本編を採録して、武人の一面を偲びたいと思う。筆者野村八良氏は東京高等学校教授で文学博士の学位を得られた国文学者である。氏の麗筆によって、日本武人の一面が、かくも詳細に描かれたことは愉快である。

一　武士と歌道

物のあわれという古語がある。この語の意味は、自然にも人事にもよく心の働くことである。すなわち豊かな情緒を持つことが物のあわれを知るのである。理性よりは感情を主とした心の作用である。本居宣長が「さて人は、何事にまれ、感ずべき事にあたりて、感ずべきこころをしりて感ずるを、もののあわれを知るとはいうを、かならず感ずべき事にふれても、心うごかず、感ずることなきを、物のあわれ知らずといい、心なき人とはいうなり」と説いた通りである。この語に包含されている意味は、かなり広いのであるが、それを分析すると、風雅、愛情、慈悲、同情などの思想が籠っているのである。

この考えは古来武士道に随伴している。もののふは物のあわれを知るというのがそれである。武骨一遍では真の武士ではない。およそ感情の働かないものは木石に等しいのである。生田の森の戦いに梶原景季が梅花一枝を手折り、箙《えびら》にさして高名を得たという。軍陣の間においても、なおかつ、そのような風流心を忘れなかったところに、日本武士の俤《おもかげ》が偲ばれる。平経正《たいらのつねまさ》が琵琶を嗜《たしな》んで、青山《せいざん》という名器を仁和寺の覚性《かくしょう》法《ほう》親王から賜って、携えていたことも風雅の道に外れぬ。これらのことは謡曲にも仕組まれている。武士が和歌俳句を尊重したことも隠れない事実である。

元来、和歌は風雅の技であるから、平安朝のような貴族本位の時代に盛行したのはもちろんであるが、その伝統的精神は武家時代になっても決して衰えたのではない。平家一門のごとき、次第に殿上の交らいが繁くなると、もはや単なる武門の人でなく、優にやさしい月卿雲客《げっきょううんきゃく》となって、歌を詠ずるようになったのである。

「平家物語」を見ると、忠盛にさえ和歌の手柄話が伝わっている。彼が備前の国から上がったところ、鳥羽院が明石の浦はどうであったかと仰せになったから、彼は畏《かしこま》って「ありあけの月も明石の浦風に波ばかりこそよると見えしか」とお答えしたので、御感《ぎょかん》があって、この歌を「金葉和歌集」に入れられた。また忠度というと、元素熊野育ちの大力であったというが、俊成を歌道の師と仰いで、三十一文字の達者であったことは、人によく知られている。それは都落ちの際、途中から馬を返して俊成の門を叩き、百余首の歌を書き集めた一巻を託し、世が鎮まって撰集の御沙汰があったら、一首なりとも御恩を蒙りたいと懇願したほどの歌道執心であった。俊成は、その中から故郷花と題した「さざなみや志賀の都は荒れにしを昔ながらの山桜花」という一首を採って、「千載和歌集」に入れたのである。この忠度が最後の時岡部六弥太忠澄が後に廻って、その首を取ったが、はじめは誰の首とも分からなかったけれども、その箙《えびら》に結ばれた歌が旅宿花と題せられて「行きくれて木の下蔭を宿とせば花や今宵のあるじならまし」とあったから、薩摩守だと分かったという話がある。武芸にもすぐれた大将軍であったものをと惜しまれたというのはもっともであろう。なお平家一門の都落ちの時には、教盛や経盛も歌を詠んでいる。教盛の歌は「はかなしなぬしは雲居にへだつれば宿はけぶりと立ちのぼるかな」というのであり、経盛の歌は「ふるさとを焼野の原とかへりみて末もけぶりの波路をぞ行く」というのであった。平家の末路が偲ばれる。

源氏の祖先にも歌道の達者があった。八幡太郎義家のごときは、勿来《なこそ》の関《せき》の落花を詠じて芳名を永く謳われている。頼朝はそういう風雅の道ではどうかと思う人があるかも知れないが、実は和歌の心得があった。天台座主《ざす》の慈円と数多く贈答しているのである。それは慈円の家集の「拾玉集」に出ている。その中でも慈円が頼朝に在京を勧めて「東路の方に勿来の関の名は君を都に住めとなりけり」と詠じたのに対して、頼朝が「都には君に逢坂近ければ勿来の関は遠しとを知れ」と返歌したのは、「増鏡」にも採ってあって有名である。源三位入道頼政が和歌をよくしたことも、「平家物語」に載っている。「頼政集」というものさえ伝わっている。謡曲鞍馬天狗に「花咲かば告げんといいし山里の使いは来たり馬に鞍」という文句があるが、それは彼の「花咲かば告げんといいし山守の来る音すなり馬に鞍置け」というのが本であると考えられる。

北条方の武士にも和歌を嗜《たしな》んだ人がいる。それらの歌はかなり多く勅撰集に入れられている。

千早ふる神代の月のさえぬれば御手洗川も濁らざりけり　泰時
さざ波やながらの桜ながき日に散らまく惜しき志賀の浦風　重時
けふいくか野山の嵐身にしみて故郷遠く別れ来ぬらん　政村
はるかなる沖の干潟の小夜千鳥みちくる汐に声ぞ近づく　宣時

の類である。

早雲寺殿二十一箇条に、「歌道なき人は、無手に賎しきことなり、学ぶべし」ということを掟としているのは、武家においても、いかに歌道を重んじたかの確証と認められる。早雲の孫の氏康の「武蔵野紀行」は、「扶桑拾葉集」に入っている。小田原北条家の歌道尊重の趣旨は、氏綱氏康に守られていたものと思われる。

尊王心の強かった毛利元就に、「大江元就詠草」一巻の存することもまた、いかにもふさわしい感がする。例えば「治れる世にこそしげれ松の葉の散りも尽きせじ大和言の葉」というような詠み口である。この一巻に三条西実澄が跋文を書いて「文武の美誉芳勢は千歳にもいかでか朽ち侍らん」とまで激賞している。

秀吉のことにしても同様である。天正十六年正月の「聚楽第御会歌」一巻、並びに文禄三年二月の「吉野山御会御歌」一巻の伝存することは、大人物たる豊太閤の文雅風流の一面を物語るものである。後者には伊達政宗のごときも加わっている。玄旨法印すなわち細川幽斎はもとより両者の中に入っている。

二　武士と連歌

連歌は和歌の一転したもので、再転して俳諧となったが、連歌道も筑波の道などと称えられて、これを重んじたことは和歌と同じであった。武士との関係の深いこともちろんである。衣川の戦いの時、阿部貞任《あべのさだとう》らが敗軍となったので、源義家が「きたなくも、うしろを見するものかな、しばし引き返せ、物言わん」

と声を掛けると、貞任が振り返ったので、

「衣のたてはほころびにけり」

と言った。貞任は錣《しころ》を傾けて

「年を経し糸のみだれのくるしさに」

とつけたのである。これは美談となっているが、そういう軍陣の間にも、古武士はこのような連歌をしていたのである。源頼政にもこの方面の高名談がある。彼が鵺《ぬえ》退治の功で獅子王という御《ぎょ》剣《けん》を賜った時のこと。ちょうど卯月《うげつ》十日余で、時鳥《ほととぎす》が二声三声、名乗った。御取り次ぎの宇治左大臣が、

「時鳥をも雲居にあぐるかな」

と詠みかけると、頼政は右の膝をつき、左の袖をひろげて、月を側目にかけながら、

「弓弦月のいるにまかせて」

と仕った。また奥州に攻め下った時、名取川で、

「我ひとり今日の軍に名取川」

というと、梶原景時が、

「君もろともにかち渡りせん」

とつけたという話もある。これまた連歌である。武家と連歌との交渉は、このほかにもたくさん

ある。

もののふは物のあわれを知る。これ日本武道の優にやさしい一面である。この伝統的精神は、徳川時代を経て明治の代となり、武士階級が廃されても、衰えることなく、日清日露の役にもあらわれたのであるが、支那事変に際して、数多くの名歌名吟が戦線から送られたことは実に驚嘆すべき大きな事実である。まことに日本軍人は、物のあわれを知る武人の典型というべきであろう。

平家物語＝源平争乱の顛末を叙した軍記物語。著者は信濃の前司行長というのが最も有力である。

藤原俊成＝平安朝末期の歌人。藤原道長の五男、「千載集」の選者である。

増鏡＝全十巻、後鳥羽院の御治世より後醍醐天皇の元弘元年までの事を記した本。著者は不明。

連歌＝「れんか」とも「れんが」とも言われる。甲が長句を詠むと乙が短句をつける。反対に甲が短句を詠むと乙が長句をつける場合もある。いずれにせよ二人唱和が原則である。

これからのちに俳諧が生まれた。

物のあわれと支那事変＝物のあわれを知る武士道の一面は、明治維新にも日清、日露の役にも十分に発揮されたのであるが、支那事変にあたっても、帝国の忠勇なる軍人が物のあわれを知る一面を発揮されたのには、思わずほろりとさせられるのである。火野葦平氏の「土と兵隊」の中に、戦友を焼くにあたって、野菊を採って来て供える一文があるが、軍陣の間において何という優しい心であろうか。涙なくしては読み通せないのである。その他戦線の短歌、俳句、小説など、日本軍人は優にやさしき武人の典型である。

八　日本武士道と西洋武士道

文学博士　高木　武

日本の武士道と西洋の武士道とを比較して、いずれに長所があり、短所があるかを研究せられた文学博士高木武氏は、著書に『東西武士道の比較』という名著がある。本篇はその要録であるが、克明に研究せられた尊い記録であって、わが武士道発達の上に、是非とも味読すべき名篇であると信ずる。

一　民族固有の武士道

個人に個性があるように、民族にもまた民族に特殊なる性情がある。民族的特性は民族の生命であって、その興亡盛衰は、一に係って特性の如何に存すというも不可ではない。ローマはその特性を発揮して興り、その特性を失って亡びた。エジプト、インド、ポーランド等は、その特性劣弱なるために憐れむべき境涯に沈淪し、わが国および欧米列強が今日の隆運を来したのは、その特性の優秀なるによるものと言わなければならない。

わが国の武士道は、取りも直さず、日本民族の特性にほかならない。われらの祖先が、わが国を擁護しその発展を促して現代におよべる所以のもの、またわれら現代日本国民が、祖先の遺志を継承して、わが国を空前の盛運に向かわしめたる所以のものは、他にも種々の原因があると思われるが、主として、万邦に卓絶せる武士道精神の活用に帰せざるを得ないのである。

翻って考えるに、西洋民族の間にも、シヴァリーすなわち西洋武士道と称して、わが国の武士道と対照比較すべきものがあり、これまた西洋民族の精神的美花をなしているのである。しかし、西洋と日本とは、本来、風土を異にし、民族的性情が同じくないので、彼我の武士道の間にも、自ら相違のあるところが少なくない。彼我の武士道の特質を比較することは、やがて、両民族の特性を比較する所以となるので、その異同長短を明らかにし、われの長所はますますこれを助長し、短所あらば他の長所を採って補い、なお、現代世界の趨勢に応じて、巧みにこれを適用したならば、わが国運の興隆を促し、民族の発展に資することが多大であろうと思う。

二　儒仏二教を同化した日本武士道

日本武士道は、一言にしていえば、日本民族の固有の性情に基づいて成り立ったものということが出来る。すなわち、忠君愛国とか、祖先崇拝とか、尚武任侠とか、寛仁温和とか、清明潔白とか、現世的実際的とか、積極的進取的とかいうような事柄は、わが民族に固有なる性情で、しかもまた、武士道の主要成分をなしているのである。しかしまた、わが固有思想は、古神道の要素となっているものが多いのであるから、武士道は、一面からいうと、神道にも根抵を有しているものということが出来る。かように武士道は、わが固有の性情に淵源しているけれども、時代の推移につれて、なお他の事情がいろいろ附加して、いよいよ大成の域に達し、ますます優秀善美なる特色を発揮しているのである。この附加せられた事情とは、民族精神の内的発展の側からいえば、外来思想、すなわち儒教や仏教思想の包含化であるが、その外的発展の側からいえば、武士の使命が齎《もたら》せる境遇上の感化である。

儒教や仏教は、もと支那やインドに発生したものであるから、わが国情、わが民族の性情に適応しない部分も少なくないのであるが、同化性の強烈なるわが民族は、巧みにそれを取捨選択し、捨つべきを捨て、採るべきを採って、固有性情に同化し、その内容を豊富にしている。

武士の使命は君国を擁護することを眼目としているが、擁護の職責を果たさんがためには、君国に仇する敵と戦って、勝利を得なければならぬ。したがって武士は優秀なる戦闘者の資格を養成すべき必要に迫られ、心身の修養、武術の鍛錬に工夫を凝らすようになった。その結果として、鉄のように頑強なる身体、生死に臨んでなお従容たる胆力、快刀乱麻を断つの決断力、岩をも透す強烈なる意力、百折不撓《ふとう》の忍耐力、一髪の危機をも見逃さぬ鋭敏なる観察力、勤勉力行の習慣、絶妙なる武術等は、遺憾なく養成せられ、また団体的行動を取る必要から、服従および共同の習慣、礼儀を重んずる心などを涵育《かんいく》し、ついに武士道の光彩ある発達を促すに至った。

西洋武士道も、その民族（主としてゲルマン民族）に固有なる、尚武的の性情に萌しているのであるが、彼ら民族の勇気は、本来、粗剛であったので、これを理想化する必要が起こり、ここに始めて西洋武士道の端を発しているようである。しかして、粗剛なる武士の風尚《ふうしょう》を理想化したものは、神聖なるキリスト教であった。けれどもキリスト教の勢力は絶大無辺であったので、何時しか主客顛倒し、武士はキリスト教を擁護することをもって任とし、その使命のために、優秀なる戦闘者を養成すべき必要に迫られ、心身の修養や武術の鍛錬に工夫を凝らし、自然に武士道の発達を促すに至った。

西洋武士道で、キリスト教が武士道を理想化したのは、わが国の武士道に、儒教や仏教が影響を与えたのに似ているけれども、われにおいては、武士道を主にして、むしろ儒仏二教を同化したるに反して、彼においては、キリスト教を主にして、武士道は、その方便として感化使役せられたるの観があるのである。すなわちこの点において、彼我その位置を顛倒している。それでわが武士道は、西洋武士道に比すれば、一そう国家的傾向を有し、民族的性情との契合《けいごう》もまた深刻であって、国家および国民に対して、すこぶる重要なる関係に立っているのである。

三　武士道発展の背景

わが国では封建制度以前、群雄割拠の姿であったから、一国一城の主は、自衛のために、競って武力を強大にせんとし、多数の武士を養い、団体としては軍紀を振張し、個人としては心身を修養鍛錬し、あくまで戦士としての資格を優秀ならしめんと心掛けた。ここにおいて武士道は非常なる発展を遂げたのである。

西洋の封建制度には二通りあって、一を主藩制、他を従藩制という。主藩制とは、大諸侯が、中央政府に対して独立の態度を取り、その領地を自由に治めたのであり、従藩制とは、小諸侯が大諸侯の前に跪いて、その身および領地を保護せんことを希《こいねが》い、大諸侯と従属の関係に立っているものをいう。しかして封建時代の諸侯は、武士たる必要はなかったので、当時の諸侯、ことに従藩の小諸侯は、武士に加入するものが少なかった。またいかなる範囲の人も、武士に加入することが出来るので、藩臣であるということは、武士たる要件にならず、したがって西洋武士道と封建制度とは、余り関係が深くなかったのである。

西洋武士道では、武勇をもって武士道の主徳とし、これに、忠義、寛仁、良智、礼儀、名誉等の諸徳を随従せしめ、称して武士道の六徳といい、これを律するに正義の観念をもってしている。しかしてこれらの徳目は、日本武士道でも重んぜられるところであるけれども、その徳目の取扱い方に、やや軽重の差があり、徳目の対象、およびそれが含んでいる観念にも、また多少の異同がある。

わが武士道で首位を占めているのは忠義であるが、これは彼においては第二位に置かれている。のみならず、忠義という観念も、彼我の間に趣《おもむき》を異にしている。われにおいては、忠義ということは、君主に対して己れを没して至誠を尽くす行為を称し、彼においては主としてキリスト教のために力を尽くすことを言っている。われにおいては忠ということは孝と共に考えられ、君に忠を尽くすは、やがて親に孝を尽くす所以となり、いわゆる忠孝一本ということになるけれども、西洋の方では、かかることはない。良智は、西洋では主要なる徳の一であるけれども、われにおいては彼におけるほど重きを置いていない。これはわれらが民族の精神活動は情意を主としているがためと思われる。礼儀ということについても、われは端正なる容儀を修め、身体の諸官能を整え、その身をよくして、霊能を修練することに意を用いているが、彼においては、主として宗教的荘厳の気分を深からしめんために礼儀を重んじているようである。また、名誉ということも、われにおいては、祖先崇拝の性情からして、非常に家名を重んじているが、彼は、社会組織を異にしているので、かような傾向はない。以上のほか、わが国では、信義、質素、廉潔などという徳目をも、重要なるものとしている。

四　徳目の比較

西洋武士道はキリスト教的軍制で、その目的は、地上に神の王国を恢拡《かいかく》するということにあったので、これを律するに十条の士法を制定し、武士の帰趨するところを明らかにしているが、十条の士法とは次のようなものである。

第一条　キリスト教を信じ、その道を守ること。
第二条　キリスト教を擁護すること。
第三条　弱者を扶《たす》け擁護すること。
第四条　祖国を愛すること。
第五条　敵を見て退くべからざること。
第六条　異教徒と殊死《しゅし》して戦うべきこと。
第七条　神の道に背《そむ》かざる限りは、封建制度の道を守ること。
第八僚　虚言を吐かずして然諾《ぜんだく》を重んずること。

第九条　寛仁して衆を恵むこと。
第十条　正義正道を守り、罪悪と戦うべきこと。

わが武士道では、彼に見るような公共的士法は制定せられていない。多くは、学者または武将を教養せんがために作った著書、家訓、家法、士規、壁書等に、武士の本分を説き、心得を示し、もってその行動を律すべき標準を示している。しかしてその委曲《いきょく》は人によって必ずしも同じくはないけれども、その趣意は、ほとんど轍《てつ》を一にしている、今、それらに提説せられた趣意を適当なる条文として示せば、次のようである。

一、主君に忠義を尽くすべし。
一、正義を標準として行動すべし。
一、武勇を重んずべし。
一、名誉を重んずべし。
一、仁愛の心あるべし。
一、礼儀を正しくすべし。
一、質素を旨とすべし。

一、節倹を重んずべし。
一、廉潔なるべし。
一、親には孝順、兄弟には友悌《ゆうてい》なるべし。
一、克己自制して忍耐の徳を養うべし。
一、皇国を愛護すべし。
一、学問に心掛くべし。
一、武術を鍛錬すべし。
一、神仏を崇敬すべし。
一、心胆を練り士気を養うべし。
一、度量を宏大にすべし。
一、武士の職分を自覚して奮励すべし。

これを西洋の士法と比較するに、彼は民族的、宗教的臭味を帯びて公共的であるが、われは国家的、家族的、修養的色彩が濃厚である。

五　宗教と武士道の関係

西洋武士道はキリスト教的軍制であるので、宗教によって醸成せられ、宗教によって支配せられ、宗教によって使役せられ、宗教のために尽くすのをその本分とし、宗教を離れて武士道なく、武士道と宗教とは、合一不離にして、武士道の命運は、一に宗教によって始終している。武士道が宗教と関係があるというよりも、武士道は宗教の一分身という姿になっている。

わが武士道も、宗教との関係は少なくないのであるけれども、むしろ宗教を支配し、これを利用し、自己の発展に供している。神道の思想は、武士道の淵源となっていて、武士道と関係があることはもちろんであるが、武士道発達の過程において、最も武士道と密接なる関係をもっているものは仏教である。しかして仏教の数ある宗派の中でも、ことに多大なる影響を与えたのは禅宗である。いったい禅の教義というものは、文字に拘泥《こうでい》することなく、簡単直截にして物事に執着せず、瀟洒《しょうしゃ》淡白にして、繁褥《はんじょく》なる虚飾を去り、依頼心を排して、冥想黙思、大悟徹底、身力特行、安心不動、よく大勇猛心を発揮せしむる特長があるので、武士の好尚《こうしょう》と吻合《ふんごう》し、武士の志操《しそう》を教養し、武士道の発達に資したことが少なくない。したがって、古来、名ある武士にして、禅に参じ、工夫弁道して心胆を練り、潜勢力を涵養したものが非常に多いのである。

真宗は、信心以外、一切の形式を打破し、肉食妻帯をも禁ずることなく、念仏称名をもって成仏の手段とする通俗易行《いぎょう》であるから、武士でこれを信ずる者も多かったようである。しかして、その主張する報恩の観念は、武士が主君に対して、一身一家を捧げ、恩義に報いる忠誠と符合し、武士道に資するところが少なくなかった。日蓮宗が立正安国を標榜して、国家主義的色彩を帯び、わが国民思想に吻合するところがあり、勇壮にして武人の好尚に通ずるところがあったので、これまた武人の間の信者が多く、武士の発達を促したことも少なくなかった。

しかしこれらの仏教は、武士道の発達に資したる滋養剤に過ぎず、武士道は主的地位に立って、宗教を利用したものにほかならぬのである。それで、宗教の関係からいうと、われは宗教に対して主的関係に立ち、宗教を支配し、これを使役しているのに、彼は宗教に対して従属的地位におり、宗教に支配せられ使役せられ、その命脈を宗教に扼《やく》せられ、全く正反対なる事情の下にあるのである。

六　武士の訓育

西洋武士道では、男子が七歳に達すると、これに家庭教育を授けたが、家庭教育は、宗教教育と徳育とを専らとした。やがて十五歳の頃になると、父母の家を出でて他の武士の家に見習いに入り、真の武士的生涯を営み始めるのであるが、これを花公子といっている。花公子は丁年《ていねん》に達すると、武装式という荘重たる儀式の下に武士の団体に加入し、始めて一人前の武士となる。しかして武士となるには階級に何等の制限がなかったので、何人といえども武士の団体に加入することが出来たのである。

わが国では、武士となるには、武士の家に生まれたものに限られていたが、武士の教育は、家庭教育と武将の教育との両面に分かつことが出来、教育の内容から見ると、精神の修養と、身体技術の鍛錬とに分かつことが出来る。そしてそれはいずれも峻厳なものであった。武士の教育には、儒教の教義を配することが少なくなかったので、武士は一面において、武事を修練すると同時に、学問に志し、人倫の道を解し、品性を高め、気節を養い、人格を高め、戦士としての優秀なる資格を具備すると同時に、人物としても、優秀なる資格を具備していた。

西洋武士の教育は、宗教的典礼的で華奢、わが武士の教育は、家族的修練的で質素、彼は感情を重んじ、比較的に学問に暗く、武人としての教養を主としているが、われは意志を重んじ、比較的に学問に力を注ぎ、武人としてのみならず、紳士としてふさわしい品格力量を具備せんことを力《つと》めた。

七　制裁の比較

武士道は、武士社会を律する峻厳なる道義である。したがって、武士にして、もし義務を怠るか、その体面を傷つけるようなことがあると、相当なる制裁を加えたのである。

われにおいては、武士に刑罰を加えるに当たっても、つとめてその名誉を尊重し、極めて破廉《はれん》恥《ち》なる罪を犯すとか、または、許し難い罪悪を犯した場合のほかは、一命を奪うにしても、切腹の制を設けて、その名誉を尊重した。武士にして切腹を課せらるるは、他の刑罰を課せらるるよりもはるかに名誉であった。

また敵討《かたきうち》も切腹と相俟って、わが国に特有なる制度である。封建時代においては、刑法の設備が十分でなかったので、殺戮《さつりく》せらるるようなことがあると、被害者の親近者が仇敵《きゅうてき》を討滅することによって、社会の秩序を保持したのである。すなわち仇敵はわが君父を殺害したものであるから、われは天に代わって、これを討滅する。それで、君父の仇を報ずるのは、君父に忠孝な所以であると解釈し、正義の観念を満足したのである。

西洋武士道においても制裁は緩漫ではなかった。武士にして本分に背ける行為があると、武士の団体から除名放逐した。しかしこの際は、公衆の面前で侮辱を加え、その武装を解除して放逐《ほうちく》することになっていた。

八　武具の実用と外観

わが国の武士は、戦いそのものを名誉とし、一騎打の格闘に手柄を立てんことを心掛けたので、扮装などもなるべく目につき易いように、きらびやかな色彩形装を選んだのである。鎧、直垂、弓、矢、太刀、槍、馬具に至るまで、形装色彩が多数で、実用上のみならず、外観の上にも、すこぶるる意匠を凝《こら》した。また、武器を愛好したが、就中《なかんずく》、刀剣は武器の至粋《しすい》として、武士の魂をもって擬《ぎ》せられ、破邪斬魔、仇敵討滅、自家防衛の具とし、これが良用を心掛けた。それで刀匠がこれを作るに当たっても、単なる武器としないで、実に一種の美術品として製作し、刀匠は単なる工人ではなく、霊腕ある美術家であった。彼らが刀剣の製作に従事するや、精進潔齊し、満身の心血を傾倒し、その精魂気醜を錬鉄に吹き込み、鍛錬幾十日の労苦を経て、はじめて出来上がったものであるから、日本刀が神威を蔵し、霊気を帯ぶるは当然である。

泰西《たいせい》武士の扮装にも、もとより装飾がないではないが、彼らは外観よりも実用を重んじた。色彩形装の如きも、決してわが国のそれのように華かでなく、甲冑、弓、矢、剣、戟のようなものでも、単簡で軽便実用を旨とした。また、武士が武器に対する愛好も、わが国の武士のようではなく、刀剣のごときも一個の武器たるにすぎず、刀匠は一個の工人たるにほかならなかった。

九　武士道と婦人

武士は身命を捨てて戦闘に従事すべきものであるから、剛健勇邁にして、困苦に堪え、窮乏を忍び、克己自制して、心身の鍛錬を心掛け、したがって女性に溺れれば、自ら堕弱の弊を醸《かも》すというところから、女性に心奪われるという弊がないように力《つと》めた。

女子は独立の権能を失し、戦争に役立たないところから、自然、男子の権勢が増大し、女子は男子のために、ほとんど絶対的の服従を要求せられ、女子もまた、甘んじて良人のために、満身の心血を捧げ、その任務を全うせんことを努めた。日本婦人は従順であったけれども、その心事は極めて壮烈で、いかなる困難をも忍び、誘惑にも打ち勝ち、万一の場合には、身命を棄てて、壮烈なる働きをした。

泰西においては、婦人の地位ははなはだ高く、男子と同等に交際し、何事も積極的でややお転婆の傾向があった。また、武士の方でも、弱きを助け、強きを挫《くじ》くという観念から、婦人を尊び、これを保護するのを任としたので、貴婦人は社会的に非常なる勢力を有し、たいていの武士は、自分の崇拝する婦人を定め、その者の標章となるべき手袋または手巾《ハンカチ》のごときものを、甲冑または楯などにつけて、戦闘に従事するを常としたのである。試合等においても、婦人は自ら贔屓《ひいき》にする武士のために応援し、その勝利を熱心に希《ねが》い、もし武士が勝利を得ると、自らこれに褒賞を授けた。その他、恋愛に対してすこぶる自由の態度を採り、これを拘束することが少なかったのである。それで、婦人の社会的地位および武士道と婦人との関係のごときは、われと彼と、正反対になっているのである。

十　長所と短所

管見《かんけん》によると、わが武士道の長所は、

感激的直覚的なること。

公明正大なること。

心身を鍛錬して剛強ならしむること。

没我献心的なること。

自信自重の風あること。

現世的実行的なること。

学問修養に心掛け、識見品格を高めしこと。

等であり、その短所は、

階級的因襲的なること。
権利思想に乏しいこと。
智的観念に乏しいこと。
公共心に乏しいこと。
精神を過重し、物質を閑却せしこと。
等であるように思われる。また、泰西《たいせい》武士道の長所は、
信仰的にして敬虔の念厚きこと。
公明正大なること。
心身を鍛錬して剛強ならしむること。
義務的観念強きこと。
秩序規律を重んずること。
等で、その短所は、
宗教に隷属支配せられしこと。
学問の素養乏しかりしこと。

形式に拘泥《こうでい》せしこと。

過度に婦人を尊崇せしこと。

等であるようである。しかして、これらの事項については、比較評論を試みたいのであるが、今は略する。

十一　明治以降の武士道の継承

わが国の武士は、四民の上位を占めて、自ら標榜することが高く、一世の儀範として、衆庶を指導したのである。それ故に武士は、社会道義の建設者にして、またその維持者であった。しかして社会は万衆の集団にして、武士は、その中堅となっていたので、武士気質は何時しか平民社会にもおよんで、衆庶を感化したのである。明治維新と共に、封建制度は破壊せられ、武士の階級が、その実を失い、四民平等の聖代となってから、武士は民間に入って庶民と共に凡百の職業に従事し、武士道の精神を世に普及し、また国民皆兵の制度によって、わが国民は悉く兵役の義務を負い、軍籍に身を置くこととなったので、従来における武士道の嫡子は、軍隊に継承し、いまもなお昔のように、わが軍人は心身の鍛錬、技術の錬磨に力を尽くし、君国の擁護に任じている。わが軍が、日清日露の戦役および日独の戦争において、連戦連勝、向かうところ敵なく、驚天動地の壮烈なる活劇を演じ、絶倫の武威を示し、至大の功績を挙げ、世界の耳目を聳動《しょうどう》せしめたる所以《ゆえん》のものは、もとより他にも原因があるけれども、主として、この武士道精神が発露し活躍した結果であろう。

十二　武士道精神の応用

十九世紀の初期からその末期に到るまで、国家的競争の雰囲気は、ほとんど欧州大陸に限られたかの観があったけれども、二十世紀に入ってからは、東洋にも波及し、世界はすこぶる多事となった。わが国は東洋の孤島として存立しているので、過去においては、国家的競争の大渦中には存在しなかったけれども、今や世界一等国の班に列し、世界的競争の大渦中に投じ、万国を相手に競争しなければならぬ立場にある。しかしてこの難局に処するには、最もよく時勢に適応するとともに、最もよくわが国家の存立に都合のよい資格を具備せしめ、物質的実力と精神的実力とを調和充実せしめ、平和の時代にも戦争の時代にも後れを取らないように、教養鍛錬して置かなければならぬ。

武士道は過去の日本が生んだ最も有為健全なる天恵の寵児で、その精神は万代不易の鉄律として、わが国民の活動を支配すべきものである。武士道の形式方面は、もとより封建制度の廃滅と運命を共にすべきものである。切腹とか仇討とかいうようなものはこれに属する。けれどもその精神に至っては、どこまでも保存してこれを採用しなければならぬ。われらは凡百の事実にすべて武士道的精神気魄を応用し、国運の隆興、国民の発展を促さなければならぬ。武士道的精神の充実発展は、日本民族の自我実現である。わが国家民族をして、適者たり、優者たらしむについて、吾人は、是非とも武士道精神の気魄と品格と実力とをもって、奮励努力しなければならぬ。

九　名将を語る

荒木　貞夫

名将の行動は百世を率いる亀鑑《きかん》となるものであるが、陸軍大将文部大臣荒木貞夫氏の鋭利な頭脳に映じて語られる名将の行動は、また新しい感激を吾人の胸に焼きつけずにはいないのである。けだし武士道精神も、これら名将の胸中に赫々《かっかく》と燃えていたことを察知するに十分であるからである。

一　楠木正成の忠節と活躍

私は理由なしに楠公《なんこう》が好きである。楠公の一番偉い点は、境遇の如何にかかわらず、忠節を一貫して枉《ま》げなかったところにある。いいかえると、日本人のみが理解し得る忠が、楠公によって最も灼熱的に昂揚《こうよう》されたのである。

忠は日本独特のもので、いうまでもなく国民道徳の大本である。われわれの神話にもとづけば、伊奘諾尊《いざなぎのみこと》、伊奘冉尊《いざなみのみこと》が日本国を拵《こしら》え、次いで八百万神《やおよろずのかみ》を拵えられた。火の神様、水の神様、土の神様等を拵えられた。それから天照大神を生み給うた。天照大神は皇室の御先祖であらせられる。そうすると国土と神と皇室というものは、離るべからざる一体である。生まれたとき一緒に生まれた。国を生んで神様を生んで、天照大神を生んで、それから人民ということになっている。こういう国に生まれた日本人は、日本国土と離るべからざる関係にあって、日本国土すなわち日本であり、また日本人である。いかなる場合といえども、この国土を一寸たりとも退くことは出来ない。同時にまた一瞬といえども皇室を離れることは出来ない。これが日本独特の忠義が生まれた所以である。しかして、これを最も明らかに発顕したのが楠公であったのである。

臣にして未だ死せずんば、賊の滅びざるを患へ給わざれ

これが笠置《かさぎ》の行在所に詣って、後醍醐天皇に仕え奉った楠公の大信念であった。否、それは全日本国民の皇室に対する信念であらねばならぬ。支那のように主君と意見が合わねば首陽山《しゅようざん》に隠

れてしまう。敵の侵略を避けるとて国を去って、岐山《ぎざん》の下に行けばよいというのじゃない。絶対に離れることが出来ないのである。その日本精神の模範を示されたのが楠公である。

それから金剛山の孤城に拠って北条の大軍を討ち、建武中興の基礎を造った。その勲功は第一である。しかるに公が受けたところの恩賞は新田義貞に遠くおよばず、わずかに名和《なわ》長年《ながとし》と比肩するにすぎなかった。けれど公はただ、唯々としていささかの不平不満の色だになかった。偉いではないか。尊氏の叛するにおよんで、公はその神謀奇策をもって一挙に敵軍の殲滅《せんめつ》するの計を献じたが、長袖者流《ちょうしゅうしゃりゅう》のために用いられなかった。しかし辞めるような卑屈な真似はしなかった。勝たざるを知りながら、最後まで戦いぬいたのである。それでもまだ足りない。自分一生で出来なければ、子供をして、一族をして、その遺志を成さしめる桜井の決別がそれである。その時、公は正行に「馬鹿々々しいから、お前はもう弓箭《きゅうせん》執《と》ることをやめて、何かよい職業を見付けろ」などとは言わなかった。「おれが死んだら、お前が後をついでやれ、お前でいけなければ、一門一族、最後の一人になるまでやれ」といった。それで湊川で七生報国を叫びながら、弟と刺し違えた。正行も四条《しじょう》畷《なわて》で戦死した。最後まで離るべからざる君臣の道義をつきつめて斃《たお》れたのである。その点において楠公父子は、日本人として忠孝の権化であり、国民精神の活模範である。

純忠の人、節義の人として、古今東西楠木正成公を措いて、外にないと私は信じているが、武将としての楠公をも私は崇敬する。それもやはり楠公が単に智略縦横の兵術家であったというわけでなく、その智略、その作戦の背後に、極めて浩然《こうぜん》たる、また温いひろい人間味が横溢《おういつ》していたことである。

楠公の智略に秀でていられたことも有名な事実である。泣男を使って敵を欺いたとか、洗濯婆さんを捕えて寒中の戦場に利用したとか、藁人形や糞壷を使ったというような話がたくさん伝えられている。さすがに偉いと思う。またかつて何処かの陣中で、武将が腹が空いたといったというので、それを聞いた名和長年が「いやしくも武将ともあるものが、陣中で腹が空いたなど申すは、はなはだ怪《け》しからぬことである」と大いに憤慨して楠公に話した。すると楠公は「いやそうではない。実際その場に臨むと腹も空るものである。腹の空った同志がそこにおったら、思わず知らずああ腹が空ったといわんものでもなかろう。時と場合を考えねば、後から批判は出来ぬ」と、こう言って名和長年と共に語り合ったことがあった。また公の「勇怯論」の中には何といっているか。「初めて戦争する時はちょうど闇夜のようなもので、何が何だか少しも判らぬ。その次の戦争は夜明けの薄明のようなもので、しまいには真昼のようになる。敵味方の戦況が手に取るごとく見えてくる。この時に至ってなお勇気のあるものが真の勇者であって、最初から勇気のあるものはほんとうの勇者とは言えぬ。また、しまいまで勇気の出ぬものこそ真の怯者である」と。だから「兵は調練が第一である」といわれている。こういう公の思いやりのある人間の心理に対する深い洞察および哲理こそ、公の転変極まりない作戦の奥底に流れているものであって、単なる小細工な智恵や才略から公の作戦を批判することは出来ぬ。

それから楠公が赤坂の城を築いて力戦した時、倉卒にして食糧も多くないのに、敵が最後に持久戦をとってしまった。この時は「われ数々の利あれども賊勢くじけず内資糧に乏しく、外救援なし、天下に率先してもって功業を建てんと欲する者もとより死は顧みざるところなり。しかりといえども事に臨んで懼《おそ》れ謀《はかりごと》を好みてなすはまた智士の尚《とうと》ぶところ、今陽に死せば、賊必ず引きて帰らん、帰らばのち、衆を聚《あつ》め出でて戦わん、われは逸にして、かれは労す、勝を制する道なり」と、衆に諮《はか》って風雨の夜、大きな坑を掘って死屍を埋め、薪をその上に積んで火を放った。賊はこれを見て正成は死んだと思って、関東に帰ってしまった。そののち、すぐに公は金剛山に立て籠もったのである。次いで正成公が隅田通治、高橋宗康の軍五千を破ってのち、宇都宮公綱の兵五百が攻撃して来た時、和田孫三郎が正成公に向かって、隅田、高橋五千の兵を破ったわが軍のことであるから、この新勝に乗じて僅か五百の公綱のごとき鎧袖一触これを全滅してしまおうといったところ、公いわく「兵は和にあって衆にあらず、公綱は坂東の驍将、従うに、紀清両党をもってす。かつかれは敗衄《はいじく》の余を承け孤軍にして進む、その志必死にあり、われ能くこれを拒ぐとも亡ぶところまた多からん、天下の事あに今日に止まらんや。宜しく士力を愛し、もって復挙を図るべし」と陣を棄てて山沢に炬火を燃やし、その火焔が天を焦がさんばかりであった。公綱も、その勢いを見て兵を引き揚げてしまった。これらの軍の掛け引きの裏にいかにも部下を愛するあたたかい気持ちがにじんでいる。名将の面影には自らその人格的価値と戦術的価値とが一致している。

調練を重んじた正成公は実戦に臨んではかくのごとく士力を愛しいたわったが、日露戦役中、旅順攻囲戦に加わった大島久直大将は、乃木将軍麾下の師団長であった。重服の上に白チリメンの帯をしめ軍刀を落としざしにしていたので有名であるが、平常演習の講評など「ヒゲの大島」といえば、その峻烈さが聞えていたが、イザ戦場になると「戦地に来ると、部下がよくやってくれる」といって、平常とはガラリと違って寛大であったのと好一対の話である。

二　北条時宗の英断

「英雄頭を回らせば即ち神仙」。この言葉をよく玩味して見ると、よく古今の名将の特質がわかるような気がする。西欧の古今の名将中、私はアレキサンダー大王、シーザー、ナポレオン、フレデリック大王、ハンニバル等の伝記を読むが、いまだ私の研究が足りぬかも知れぬけれども、何となく日本人として物足らぬものがある。

彼らは日本の武将にも劣らぬ勇気、胆力、機略を蔵しているけれども、武徳といったようなものが欠けていやしまいか。武将といえども、人間である。その人間としての味わい、気品、徳といったものが、稀薄なように感じられてならぬのである。これに反して日本の武将伝を読むと、かれらが一個の道徳的存在として、すなわち国家道徳に則し、国民精神に醱酵し、上御一人の皇猷《こうゆう》を扶《たす》け奉り、下国民の安寧幸幅を保持せんとする気持ちが旺盛であって、用兵作戦、すなわち戦争技術の上手下手を超越したものがある。

日本の武将の蔭には自ら昭々《しょうしょう》たる大義名分があり、これに伴う哲学、道徳というものが脈々として流れている。したがってこれらの道義心、または人生に処する哲理を味得するまでに、人間として血のにじむような心の修養訓練を鍛え来っている。例えば日本の名将の背後には常に名僧知識がある。徳川家康に天海大僧正があったことは有名であるが、私が崇敬する名将の一人として、北条時宗に対する英雄僧無学祖元のごときものがそれである。名将の特質の第一は断の一字である。

北条時宗が齢《よわい》わずか十八歳にして執権となると、ただちにわが国の歴史始まって以来の国難である元寇《げんこう》があった。この時、頼山陽をして「相模太郎胆甕《たんかめ》のごとし」と讃嘆せしめた。この時宗の断の一字は何人の教えるところであったか。僧祖元はかつて宋末の人であった頃、稜々《りょうりょう》たる気骨を有し、かつ禅機に徹していた。元兵が宋に侵入した時、彼のみはひとり能仁寺に留っていたところ、元兵が来て白刃を彼の頭に擬したが「珍重す大元三尺の剣、電光影裡に春風を斬る」との偈を唱えたので、元兵もそのまま退散したとのことである。祖元は常に時宗に向かい「自己を忘れ、我身を捨てよ、一切の執着があってはならぬ」と教えた。弘安四年、祖元はまた「莫煩悩」の三字を大書して時宗に与えた。時宗がその意味を問うと、「本年春夏の頃、博多辺に騒擾があるかも知れぬが、不日静平に帰するから公は心にかけられずとも宜しい」と諭した。果たして同年五月元兵十万の兵が西海に襲来して来た。しかしすでに禅機によって心機を鍛錬し、生死巌頭に起つも自若たる余裕を有していた時宗は、少しも動ずる気色なく、沈着大事に処して誤らなかったのである。祖元はまた時宗に「汝の両刀を断て」と教えていた。戦わずして敵に勝つのが名将の真骨頂である。

時宗の祈願文を見るに「梵天帝釈諸天の擁護により、弟子時宗が永く常祈を扶け、久しく宗乗を護り、一箭を施さずして四海平和なるべきよう、また一鋒を露さずして群魔が頓息するよう」といっているが、時宗の眼中すでに元兵なき気魄は、常日頃の修養の結果でなければならぬ。同時に兵は道徳であり、正義である。正義の前には何物も自ら退散すべしとの強い観念が、時宗の胸中に根深く据えられていたからであらう。

三　上杉謙信の気魄

第三に名将の特質は気魄にあると信ずる。そういう意味で私は上杉謙信を推賞するものである。謙信常に自分の戦争は義戦であると称していた。有名な川中島の戦因はといえば、村上義清の救援に応じたものである。さらに武将として謙信に私淑する所以《ゆえん》は、その気魄である。戦争は一面において緻密なる作戦を必要とするが、一面において電光石火のごとき「気」の問題であると思う。あるいはこれを機略といってもいいが、機に応じて鉄火のごとき意気が閃き、その間自ら微妙なる智略が送り出でるというのである。

いま謙信と信玄の作戦を深く観察するに、謙信は気魄一点張り、信玄は水も洩らさぬ合理的作戦によっている。気が勝つか策が勝つか、この戦いはまさに五分五分である。川中島の戦いを五分五分というのはこの意味である。その代わり謙信は、用意周到なる信玄の作戦にひっかかって、常に危機に置かれている。この危機を脱出し、かつ敵を逆に圧倒するものは策でもなければ知略でもない。ただ烈々たる「気」である。これが凡将ならばたちまち策の前に倒れてしまうが、謙信はさすがに名将であった。

永禄四年の夏はすでにすぎ、秋も半ばとなった。まさに天高く馬肥ゆる時、軍旅の好時節である。この時信玄はすでに信州海津に築城し、牢乎たる根拠を作り静かなること林のごとく蟠居《ばんきょ》していた。こういう形勢に当たって謙信はいかなる策に出たか、もし彼が凡将ならば、あるいは候可峠附近の高地占領くらいに止まり、さらに下策に出れば海津城壁近く千曲川左岸に陣取る位である。しかるに謙信の軍は善光寺街道を南進し、犀川を渡り千曲川を越えて、一挙に妻女山を占領してしまった。敵地内深く侵入して海津要塞の一角ともいうべき妻女山に乗り込んだところに謙信の気が遺憾なく発揮されている。太公望いわく、「将は必ず高きに登り、下望して敵の変動を観る」と、古来名将は必ず高所を択ぶものとされているが、この時の謙信の機略は自らの危機を気魄をもって切り抜けんとしたものである。かくて信玄の合理的作戦は、ムザムザと泥土に委してしまった。謙信時まさに年三十二、壮年気鋭、眼中あに海津城あらんやというところである。

これに対して信玄は、謙信出兵の急報に接してただちに甲府を出たが、予定のごとく海津城に入らず、千曲川の左岸に沿って進軍し、謙信の軍と越後への交通路を遮断してしまった。謙信は再び危機に陥って、謙信の部下は、このまま退路を遮断されては糧食が尽きると訴える始末であった。しかしすでに信玄を呑んでかかっている謙信は、余裕綽々《しゃくしゃく》、得意の琵琶を弾じて悠々たるものがあった。信玄も仕方なく千曲川の陣を引き払って、海津城に引き揚げてしまった。次いで第三の危機が謙信を見舞った。すなわち信玄はいよいよ攻撃の決心を固め、主部隊をもって妻女山を攻め、信玄麾下《きか》の手兵をもって川中島に待ち受け、逃げて来る謙信の軍を撃破せんとする方略を定めた。この時に当たっても謙信は、巧みに敵の裏をかいて、その前夜に妻女山を下り、川中島に出でて信玄の牙城を粉砕したのである。信玄が暁に千兵の大牙を擁するを見たのは、この時である。

この機に応じて策の現れる点が、謙信の名将たる所以である。川中島の戦い、青竹を背負って戦場を馳駆《ちく》したあたり、いかにも気力旺んなる謙信の面目躍如たるものがある。

四　加藤清正の純情と木村重成の気品

「壮烈鬼神を泣かしむ」という言葉があるが、何が鬼神を泣かしむるか、それは決して単なる勇猛とか、剛気とかいうものではなく、驍勇《ぎょうゆう》を発揮せしむる、その人のひたむきな純情が鬼神を泣かしむるのである。

名将の特質の一つはまた正義の前に何ものも恐れず突進するところの純情でなければならぬ。私はこの純情と驍勇の武将として、加藤清正を追慕するものである。われわれ少年時代に加藤清正公を崇拝したのも、その武人らしい武人、真直ぐな気性を好んだのであろう。梟勇《きょうゆう》屍を走らせ、猛威人を圧するがごときは、決して真の猛勇とはいえない。

清正公が秀吉に仕えた全生涯は潔白無比な真心であった。晩年、朝鮮征伐のみぎり、讒人《ざんじん》の言によって秀吉の忌諱《きい》に触れた時でも、伏見の大地震に幽閉の身を忘れて秀吉の守護に馳せ参じた。これも清正の胸中に奔《ほとばし》るような純真な感情が漲《みなぎ》り溢れていたからである。

秀吉もこの清正の忠誠の念に打たれて涙を流し「汝幼稚より孤《わし》の膝下《しっか》に生長し、そのなす所みな孤に似たり」といったそうだが、秀吉も清正のごとく純情の人であったのであろう。この辺が秀吉も子供達に好かれる所以と思う。慶長十六年三月、秀頼公が徳川家康と京都で会見することになった時、清正は死を睹《と》して秀頼に陪従《べいじゅう》した。無事に会見が終わった時、匕首《あいくち》を懐中から出して「太閤の洪恩を今日にして報ずることが出来た」と泣いたそうであるが、こういう一本気なひたむきな心からこそ、初めて鬼上官とうたわれたような真の勇気が生まれて来るのである。

私はかつて第六師団長として熊本にあった時、至るところ清正公の遺徳の未だに残っているのを見聞した。日真上人を熊本に招いて日蓮宗を信仰したのは有名な話であるが、名将の戦うのは、頭でも腕でもなく、全く清く強い信仰でなければならぬ。

日本の武将中、中途にして倒れた薄倖の武将であるが、名将の一人に木村重成がある。彼がもし大成したならば古今の武将になっていたと私は堅く信ずるものである。武人は須《すべから》く君子でなければならぬ。徒《いたずら》に強く勇ましいだけで、心の修養、感情の陶冶《とうや》を忘れるならば、平清盛のごとく驕慢《きょうまん》なる武将に堕してしまう。木村重成を讃美する所以は、その武人としての風格にある。またその人間としての気品にある。

大坂冬の陣が終わって東西の和議がなった時、重成は大坂方の全権大使として、家康と和議の誓書を交換するために茶臼山に赴いた。あの老獪なる家康と四つに組んで一歩もひけを取らなかったのは何であるか。重成の五体に自ら備っていた凛々たる気品である。かかる外交の席上も一種の戦場である。

その場合、満座の人を圧するものは単なる剛勇ではよく押し切れるものではない。内に蔵している人格的の光り、風格の然らしむるところである。

夏の陣においても重成は陣中浴に入って髪を洗い、香を焚き、猿楽を謡い、小鼓を撃って悠々としていた。最後の決戦に臨んで兜の中に香を焚いた床しい語は有名であるが、かつて後三年の戦いに末割四郎というものが、朝餐が咽喉にあったため矢に当たって頭骨が傷ついた時、食餌が創口からもれたという話を聞いて、重成は決戦の数日前より食餌《しょくじ》を減じたという話もある。武将は死を恐れぬと同時に死を潔くし清く死なんとする。それがためには平常よりの身嗜みが大切である。木村重成のごときは確かに立派な名将になったものと惜しく思う。

五　大山巖元帥と黒木為楨大将の寛容の徳

名将の特質は、時宗のごとき英断、正成のごとき仁慈、謙信の気魄、清正の純情、重成の気品等を兼ね具えたものであるが、さらにわが大山巖元帥のような寛宏の徳を必要とする。古今の武将中、大山元帥のような巨材を発見することは困難であると言わなければならぬ。

日露戦争中、総司令官として、乾坤一擲《けんこんいってき》の大戦争を試みつつある時、元帥の態度のいかに磊々《らいらい》落々《らくらく》であったか、ほとんど神に近いものがあった。けだし名将中の名将と言わるべきものは、この山の如く動かざる大度量というものがなければならぬ。満洲軍総司令官として、元帥は帷幄《いあく》のこと一切を児玉総参謀長に一任して、自らはただ大局を統《す》べていた。故に元帥はいついかなる所に如何なる隊が活動しているかを知らぬことがある。ある日、砲声の殷々《いんいん》たるを耳にして「児玉さん、今日はどっちで戦さがありますか」と児玉大将に聴いたという話は誰でも知っている。こういう時に限って、また、作戦計画の危機が迫って来てあの明敏なる児玉参謀長が、如何にしてよいかほとんど悩乱しそうな時である。そこへ元帥の悠然たる奇問が起るので、忽然《こつぜん》として頭上万斛《ばんこく》の冷水を注がれたごとく、初めて冷静に返ったこともしばしばあるそうである。たまたま内地から陣中見舞の人でも来ると、「戦争はみな児玉大将に任せてあるが、一朝敗軍の不幸を招く事でもあれば、己れが指揮をとって見せる」と強い決意を語ったそうだが、泰山のごとき茫洋《ぼうよう》たるなかに、この雄々しい気魄の閃きこそ稀に見る大器である。

日露戦争の第一軍司令官黒木為楨《ためもと》大将もまた寛容の徳を具えた名将であった。ある人と宿屋に宿泊せんとした時、女中が足を洗うための湯を持って来た。つれの人は「水を持ってこい」といった。すると黒木大将は「汝は湯で足が洗えんのか、弱い奴だ」と笑ったそうであるが、猛将をもって有名な大将の半面には、このようなやさしいまた広濶《こうかつ》たる気持ちがあった。

日露戦争中、私は第一軍に属し、第十二師団の右側掩護隊長梅沢少将の率いる部隊（当時これを花の梅沢旅団と称されていた）の旅団副官として遼陽の大戦に参加したが、遼陽戦は有史以来の大戦であり、ロシア軍の兵力十二個師団を擁し、拠るに半永久の築塁をもってしている。これに対するに右翼に奥大将第二軍、中央に野津大将の第四軍、右翼に黒木大将の第一軍をもって、八月二十四日全軍行動を起こし、九月四日ついに遼陽を占領するに至ったのである。この遼陽戦においてクロポトキンをして退却を余儀なくせしめたのは、有名なる黒木軍の太子河渡河の作戦である。危険といえば危険な作戦であり、ことに八月二十一日に露軍が黒木軍の太子河渡河を偵知し、急遽二軍団に余る大軍を黒木軍の前面に集中した。それにもかかわらず、黒木軍はロシア軍が高所に築塁し、かつ優勢なる砲兵隊をもって極力防戦したるに対し、遮二無二突撃を強行し、ついに全軍太子河を渡って、遠く煙台炭坑に迫り遼陽にあるロシア軍の退路を遮断せんとしたので、クロポトキンもついに遼陽を捨てて総退却のやむなきに至ったものである。

平常磊々《らくらく》たる黒木大将にしてはじめて一度動くや疾風枯葉を捲き、天地を震憾《しんかん》せしむる底《てい》の猛勇を発揮したものというべきである。

六　名将の特質は道徳的存在

これら名将の特質は、今日のごとく戦争が機械化しつつある場合においても、その心構えは同一であって、そこにこそ、皇軍の源泉が存するのである。皇軍は皇道を真精神とし、神威宣揚、国徳布施の聖戦に従うべきで、これを統率し訓練すべき将たるものは、道徳的存在でなくてはならぬことは、これらの名将が戦争を断じて職業的技術として取り扱わず、正義道徳の発露として不断の精進を惜しまなかったことで判然するであろう。

十　国体と武士道

近衛　文麿

武士道とは武士の守るべき道ということであるが、武士道は実に光輝あるわが国体に沿って、臣下としての武士が実際の行動に示し日常の生活に実践した精神が凝って、日本民族の発展と共にわれら国民の必ず守るべき道徳として発達したものである。その武士道の根本を貫くものは、実に忠君愛国の精神と、その実践であったのである。本篇は公爵前総理大臣近衛文麿氏が説かれた「国史に現われた日本精神」の一篇から、特に国体と武士道に関するところを抜萃しもの。けだし武士道の根本を最も直截《ちょくせつ》に説いたものである。

一　忠こそ日本精神の根本

葦原《あしはら》の千五百秋《ちいおあき》の瑞穂《みずほ》の国《くに》は、これ吾《わ》が子孫《しそん》の王《きみ》たるべき地《くに》なり、よろしく、いまし皇孫《すめみま》、就《ゆ》きし治《しら》せ、さきくませ、宝祚《あまつひつぎ》の隆《さか》えまさむこと、当《まさ》に天壌《あめつち》と窮《きわまり》なかるべし。

この神勅こそは国体の根本のよって立つところである。君臣の分は、この神勅によって明らかに定まり、臣子たるものの道は、ここに確乎として示されたのである。それ故に、北畠親房の「神皇正統記」にも、これについて「この国の神霊として、皇統一種ただしくましますこと、まことに、これらの勅にみえたり」といい、また「この理をさとり、その道にたがわずば、内外典の学問も、ここにきわまるべきにこそ」と述べているのである。内外典の学問云々というのは、儒教、仏教その他の外国の学問は、これを参考にし、これを利用し、取ってもってわが国の教化に資すべきではあるが、しかしわが国の教えの根本は、一途に大君に忠をつくし奉るにあり、結局、かの神勅を信奉し、臣子の分をわきまえ、その道をつくすというの外はないとするのである。谷秦山が、この神勅を掲げて「これすなわち吾が道の本源にして、天地の位する所以、君臣の叙する所以、正しくここに在り」と言っているのも、全くこの意味であって、われわれは、ここに日本精神の根本を知ることが出来るのである。すなわちそれは忠というのほかはないのである。忠こそは日本精神の根本である。

二　皇室に「姓」がない理由

われらの先祖が、この神勅を信奉し、臣子の分を守り、臣民の道をつくし、一途に忠義をつくし奉ったことは、皇統一種、万世一系という、この世界に比類なき国体に明らかに現れている。わが国の皇室が、万世一系にましますことは、今さら多弁を要しない所であるが、それについてことに有難く拝察せられるのは、皇室に御姓がましまさぬということである。外国の君主は、どの王室を見ても、みな姓があるのに、わが国の皇室には、全く御姓がないというのは、これはわが国にあっては、君臣の分明らかに定まり、皇統唯一、決して他に比肩するものがなく、また未だかつて革命を経たことのなかった明白なる証拠である。御姓がましまさぬのは、その必要がなかったのである。姓の必要は、他と区別するためである。他と区別する必要がなければ、姓は起こらない。他と区別する必要がないというのは、他に比肩するものが、横にもなく、前になく、後にもないということである。かように比肩すべきものがなかったというのは、国体が厳正であって、君臣の分明らかに定まり、臣民たるもの、みな一途に忠義をつくし来たったからである。

三　日本人の忠の道

君臣の分明らかなるわが国体の威力は、事あるごとに見事にあらわれて来るのであって、たとえば大化の改新に際して、兵士の多くが、従来所属の関係から蘇我氏の味方となって官軍に抗敵《こうてき》しようとした時に、中大兄皇子は将軍巨勢徳陀臣《こせとくだのおみ》をつかわして、天地開闢以来、君臣の分定まれることを説き、大義をさとさしめ給うたところ、さすがに大義の前には一言もなく、兵士はたちまち逃げ去って、蘇我氏はついに亡びたごときその一例であり、また弓削道鏡《ゆげのどうきょう》が、悲望をいだいて国体をみだそうとした時に、和気清麻呂が八幡の神教を奉じて、「わが国開闢以来、君臣の分定まれり、臣をもって君となすこと未だこれあらざるなり、天つ日嗣は必ず皇儲をたてよ、無道の人はよろしく早く掃除すべし」と奏上し、奸僧の野望を粉砕したのも、その著しい例である。君臣の分明らかに定まり、臣をもって君となすことは、絶対にない国体であるが故に、人々は天皇を神としてあがめ、現人神《あらひとがみ》とたたえ奉ったのであった。「万葉集」の中に、

おおきみは神《かみ》にし坐《ま》せば赤駒《あかごま》のはらばう田居《たい》を京師《みやこ》となしつ
おおきみは神にし坐せば水鳥《みずどり》のすだく水沼《みぬま》を皇都《みやこ》となしつ
おおきみは神にし坐せば天雲《あめぐも》の五百重《いおえ》が下《した》にかくりたまいぬ
おおきみは神にし坐せば天雲のいかづちの上《うえ》にいおりするかも

などという歌が見えているのは、その明証であって、われらの先祖が、いかに大君を尊崇し奉ったかを知るに足るのである。

この現人神、神にましますま天皇に、ま心をつくしてお仕え申し上げることが、日本人の道である。ここに日本精神の大眼目としての忠の道があるのである。「神皇正統記」に「凡そ王土にはらまれて忠をいたし命をすつるは人臣の道なり、必ずこれを身の高名とおもうべきにあらず」と

あるように、大君に忠義をつくし奉るということは、当然の道、当為の務めとして、特にこれを功名手柄とも考えないのである。この精神は国史の全体にわたり、いたるところに現れていて、いま特に何を例として挙げていいか、かえって困るほどであるが、鎌倉の将軍実朝さえも、

山はさけ海はあせなん世なりとも君にふたこころ我あらめやも

と歌っているのを見て、国民全体の忠義の心を察することが出来よう。大君にふたこころなく仕えまつるこの純情は、やがて一朝有事の日には勇躍して大君の御為に命を捧げまつろうとするのである。古くは大伴家持の歌に、

海行かば水漬く屍山行かば草生す屍大君の辺にこそ死なめかへりみはせじ

とあり、中頃には、宗良親王の御歌に、

君がため世のため何か惜しからむ捨てて甲斐ある命なりせば

とあり、また幕末に際しては、常陸の人佐久良東雄《さくらあずまお》によって、

事しあらば我が大君の大御ため人もかくこそ散るべかりけれ

とうたわれたのであった。

四　日本人の勇武の気象

日本人の勇武の気象は、実にこの純忠の精神から出てくるのである。古くわが国の一名を、細戈千足《くわしほこちたる》の国といい、古来尚武の国として、自らも誇り、他からも称せられて来たのであるが、尚武の国として、勇猛敢為の気象に溢れているといっても、それは決して強暴の風を帯びることがなく、本来至ってやさしい平和な国民であが、そのやさしい穏かな国民が、大命一たび下れば、大君の勅かしこみ、大君にまつろわざるものを討ち懲らさんがために、あくまで進んで止まない。また大君にあだなし奉るものがある場合には、必ず身命を捨てて護り奉ろうとするのであって、すなわち日本人の武勇は、その根本は忠義より発するのである。日清、日露の戦役に、また近くは満洲事変、支那事変に、名誉の戦死を遂《と》げたる将卒の最後の言葉が、いずれも「天皇陛下万歳」を絶叫して斃《たお》れるということをしばしば耳にするのであるが、これは全く上に述べたように、帝国軍人勇武の気象が、そのもと、忠義より発することの明証である。

そういう風であるからして、わが国の歴史に戦争は度々現れて来るが、外国の歴史に往々見るような、残忍な行動は、ほとんど見ることが出来ない。わが国の戦争は、強いものが弱いものを討ち、力のあるものが力のない者をいじめるというのではなくして、正義のために邪悪を懲らすのである。大君にまつろわざるものを平げるのである。決してそれは侵略横暴の強圧ではないのである。これは尚武の国日本を考える上に、第一に注意すべきところである。これを知らずにわが国の尚武の一面をのみ見るところから、好戦国だとか言って、侵略の野望があるかのように評するものが出てくるのであろう。とんでもない間違いであると言わなければならぬ。

五　武士道の根本は義

いったい武士道というものは、決して強剛一点張りのものではないのである。無論それは強くなければならぬ。弱虫であってはならないのであるが、しかしながら、その強いというのは、どういうのであるかといえば、義を重んずるのである。義に強いのである。これは古来、武士道を説いたものに明らかに見えているところであって、山鹿素行が、士道を説いて、大丈夫たるもの、よろしく義利の間を弁ずべきを強調し、また吉田松陰が「士規七則」の中において、「士道は義を重んずるより大なるはなし」と言っているのなど、皆それである。それ故に、武士道の根本は、義である。そして日本人が義とし正義とするところ、その最も重いのは、いうまでもなく忠義である。ここに「天皇陛下万歳！」を叫んで死んでゆく軍人の真面目をうかがうことが出来るのである。

神皇正統記＝北畠親房は吉野朝の勤王家であって、建武中興の全からざるを嘆じて「神皇正統記」を著したのであった。「神皇正統記」は全六巻、大日本は神国なりと冒頭して、皇統のよって立つところとその事歴とを記したもので、筆を神代から起こし後村上天皇践祚《せんそ》の条に止めている。古典の一つとして日本国民の愛読すべき書である。

谷秦山＝江戸中期に於ける土佐藩の儒者で、山崎闇斎の弟子である。

源実朝＝鎌倉三代の将軍で頼朝の次子、年二十八にして鶴岡八幡宮の社頭に刺殺されたのは、鎌倉幕府三代の悲劇として語られているところである。生来文学を好み、和歌に長じていた。その著に「金槐和歌集」がある。

武《ぶ》士《し》道《どう》読《とく》本《ほん》

平成二五年　五月二〇日　初版第一刷発行

編　者　武士道学会・国書刊行会

発行者　佐藤今朝夫

発行所　株式会社　国書刊行会
〒一七四―〇〇五六
東京都板橋区志村一―一三―一五
TEL　〇三（五九七〇）七四二一
FAX　〇三（五九七〇）七四二七
http://www.kokusho.co.jp

印刷製本　三松堂株式会社

ISBN 978-4-336-05684-9

吉田松陰の士規七則

広瀬豊 著

松蔭思想の結実

本書は人倫の大道を説き、その修養の方法と覚悟を繙く。これほど簡明に武士道の精髄を現したものはほかにない。

四六判・上製
1800円+税